Christoph Lang

***

Arbeitsrechtliche Unterschiede

zwischen

Deutschland und Österreich

Salzwasser Verlag

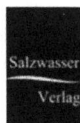

www.salzwasserverlag.de

Lang, Christoph

Arbeitsrechtliche Unterschiede zwischen Deutschland und Österreich

1. Auflage 2007

ISBN: 978-3-937686-96-7

Nachdruck, auch auszugsweise, nur mit schriftlicher Genehmigung des Verlags

© CT Salzwasser-Verlag GmbH & Co. KG, Bremen/Hamburg, 2003-2007 (www.salzwasserverlag.de)

Druck und Herstellung: Hohnholt Reprografischer Betrieb GmbH, Bremen (www.hohnholt.com)

Dieser Titel unterliegt dem Gesetz zur Regelung der Preisbindung von Verlagserzeugnissen (BGBl. I Nr. 63 vom 5. September 2002)

Die Deutsche Bibliothek verzeichnet diesen Titel in der Deutschen Nationalbibliografie. Bibliografische Daten sind unter http://dnb.ddb.de verfügbar.

Inhaltsverzeichnis

Abkürzungsverzeichnis

ABGB	Allgemeines Bürgerliches Gesetzbuch
Abs	Absatz
AG	Arbeitgeber
AN	ArbeitnehmerInnen
AngG	Angestelltengesetz
AR	Arbeitsrecht
ArbGG	Arbeitsgerichtsgesetz
ArbnErfG	Gesetz über Arbeitnehmer/Innen -erfindungen
ArbSchG	Arbeitsschutzgesetz
ArbVG	Arbeitsverfassungsgesetz
ArbZG	Arbeitszeitgesetz
ARG	Arbeitsruhegesetz
Art	Artikel
ASchG	ArbeitnehmerInnenschutzgesetz
ASVG	Allgemeines Sozialversicherungsgesetz
AuR	Zeitschrift Arbeit und Recht
AVRAG	Arbeitsvertragsrechts- Anpassungsgesetz
AZG	Arbeitszeitgesetz (Österreich)
BAG	Bundesarbeitsgericht
BDSG	Bundesdatenschutzgesetz
BetrVG	Betriebsverfassungsgesetz
BGB	Bürgerliches Gesetzbuch
BGH	Bundesgerichtshof
BR	Betriebsrat
BVerfG	Bundesverfassungsgericht (Deutschland)
BVGH	Bundesverfassungsgerichtshof (Österreich)
DDR	Deutsch Demokratische Republik
d. h.	das heißt

EG	Europäische Gemeinschaft
EMRK	Europäische Menschenrechtskonvention
evtl	eventuell
ff	fortfolgende
gem	gemäß
GewO	Gewerbeordnung
GG	Grundgesetz
grds	grundsätzlich
HbG	Hausbesorgergesetz
HGB	Handelsgesetzbuch
JarbSchG	Jugendarbeitsschutzgesetz
Kap	Kapitel
KSchG	Kündigungsschutzgesetz
LAG	Landesarbeitsgericht
lit	litera
MuSchG	Mutterschutzgesetz
NachwG	Nachweisgesetz
NZA	Neue Zeitschrift für Arbeitsrecht
OGH	Oberster Gerichtshof
i. d. F.	in diesem Fall
i. d. R.	in der Regel
i. S.	im Sinne
i. v. m.	in Verbindung mit
Rn	Randnummer
SchSpG	Schauspielergesetz
SGB	Sozialgesetzbuch
sog	sogenannt (e, r, s)
StGG	Staatsgrundgesetz
TVG	Tarifvertragsgesetz
TzBfG	Gesetz über Teilzeitarbeit und befristete Verträge

Urt	Urteil
v	von
Vgl	vergleiche
VO	Verordnung
Z	Ziffer
z. B.	zum Beispiel
ZPO	Zivilprozessordnung

1 Das Individualarbeitsrecht in Deutschland

1.1 Grundsätzliches

1.1.1 Zweck und Funktion des Individualarbeitsrechtes

Das Individualarbeitsrecht regelt die Rechte bzw. Pflichten des einzelnen Arbeitnehmers, die mit der Entstehung des vertraglichen Dienstverhältnisses erwachsen. Dem gegenüber steht das Kollektivarbeitsrecht, wobei der Arbeitnehmer nur mittelbar als Teil einer Koalition oder Belegschaft auftritt. Das Arbeitsschutzrecht, das die gesetzlichen Bestimmungen zum Schutz der Arbeitnehmer beinhaltet, kann als dritter Teil des Arbeitsrechts gesehen werden, auch wenn es in der Literatur oft unter das IndividualAR subsumiert wird[1]. Ein Hinweis auf die Eigenständigkeit des Arbeitsschutzrechtes ist das In- Kraft- Treten des Arbeitschutzgesetzes (ArbSchG)[2]. Die folgenden Prinzipien des Arbeitsrechts gelten für das gesamte Rechtsgebiet.

Das Wirtschaftssystem der Bundesrepublik Deutschland ist auf dem Prinzip der Marktwirtschaft aufgebaut, demzufolge der Staat nur im Ausnahmefall regulierend auf das Wechselspiel zwischen Angebot und Nachfrage eingreift. Dasselbe Prinzip gilt auch für den Arbeitsmarkt, in welchem das Angebot und die Nachfrage an Arbeitskräften, die Höhe der Vergütungen für den einzelnen Arbeitnehmer bestimmen. Hier ergibt sich nun aber ein Ungleichgewicht zu Ungunsten des Arbeitnehmers, der wirtschaftlich von einem Arbeitsplatz abhängig ist.

Der Arbeitgeber, der nicht auf einzelne Personen angewiesen ist, da ihm i. d. R. eine größere Auswahl an Arbeitskräften zur Verfügung steht, will seine dominante Stellung benutzen, um die Löhne zu verringern und so seine Produktionskosten niedrig zu halten.

Ein anderer Interessenskonflikt ergibt sich aus der Sicherung des Arbeitsplatzes: Der AG will flexibel sein und das Personal nach Belieben verringern und auswechseln können, wogegen der AN seinen Arbeitsplatz gesichert sehen will. Der AN will auch dann seinen Lohn beziehen, wenn es ihm nicht möglich ist zu arbeiten; der AG

---

[1] Vgl Richardi, Arbeitsgesetze⁶⁶ (2005) S. XIII
[2] Vgl Marschollek, Arbeitsrecht¹⁴ (2005) S.31

1

wiederum will ohne geleistete Arbeit keinen Lohn zahlen. Das Arbeitsrecht ist das Instrument, das nötig ist, um diese Interessenskonflikte beizulegen.

Entscheidend für die geltende Rechtsordnung sind auch verfassungsrechtliche Prinzipien, die sich im AR widerspiegeln.

Aus dem **Prinzip des Sozialstaates** (Art. 20 Abs.1, Art 28 Abs.1 GG) lässt sich der Auftrag des AR ableiten, den sozial schwächeren AN zu schützen. Es verlangt ein Mindestmaß an sozialen Sicherungen, und negiert eine vollkommen freie Marktwirtschaft, da dies negative Folgen für den Arbeitnehmer hätte (siehe oben). Aus diesem Blickwinkel betrachtet wird es verständlich, warum das Arbeitsrecht auch als Sonderrecht, oder Schutzrecht der AN bezeichnet wird. Weitere Vorschriften aus dem Katalog der Grundrechte sind Art. 1 Abs.1 GG betreffend der Menschenwürde, Art. 3 Abs.2 GG für die Gleichberechtigung von Mann und Frau Art.9 zur Koalitionsfreiheit sowie Art. 12, der die freie Berufswahl garantiert, und Zwangsarbeit verbietet.

In Deutschland kommt der Rechtssprechung besondere Bedeutung zu, da weite Bereiche des Arbeitsrechts, wie z. B. das Arbeitskampfrecht oder das Recht der Arbeitnehmerhaftung, spezialgesetzlich oftmals nicht geregelt sind.

Dabei bilden die Vorgaben des Gesetzgebers die Grundlage der Rechtsfindung, und laut dem BVGH vom 26.6.1991 muss der Richter bei unzureichenden Vorgaben das „materielle Recht mit den anerkannten Methoden der Rechtsfindung aus den Rechtsgrundlagen ableiten, die für das Rechtsverhältnis maßgeblich sind".

Um dem wachsenden Bedürfnis nach einem einheitlichen Arbeitsgesetzbuch Rechnung zu tragen, heißt es im dt. Einigungsvertrag vom 31. August 1990 dass es Aufgabe des gesamtdeutschen Gesetzgebers sei, das Arbeitsvertragsrecht möglichst bald einheitlich neu zu kodifizieren (Kap. VII Art.30 Abs.1)

1.1.2 Geschichtliche Entwicklung

In Deutschland hat sich das Arbeitsrecht insbesondere in der Weimarer Zeit ab 1918 entfaltet.

Bereits vorher war es möglich Gewerkschaften zu begründen und Tarifverträge abzuschließen, doch erst mit der Weimarer Verfassung wurde den kollektiven Beziehungen der AN und AG eine rechtliche Ordnung zuteil[3].

Die Arbeitsgerichtsbarkeit wurde mit dem Arbeitsgerichtsgesetz 1926 als neuer Instanzenzug eingeführt.

Während der Zeit des Nationalsozialismus herrschte seit dem Gesetz zur Ordnung der nationalen Arbeit vom 20.1.1934, das so genannte Führerprinzip, in dem der Unternehmer als Führer des Betriebes auftrat und die Angestellten und Arbeiter als Gefolgschaft.

Die Tarifverträge wurden zu Tarifordnungen, die Rechtsverordnungen, anstatt autonomes Recht enthielten.

Nach dem Zweiten Weltkrieg wurde Deutschland auch im Arbeitsrecht geteilt.

In der DDR wurde das BGB aufgehoben und eine Zwangsordnung im Arbeitsleben eingeführt, während Westdeutschland die soziale Marktwirtschaft einführte die eine freiere Gestaltung der Arbeitsverträge erlaubte.

Seit der dt. Wiedervereinigung gibt es wieder ein einheitliches deutsches Arbeitsrecht dessen Rechtsgrundlage der Einigungsvertrag ist, der am 31.8.1990 geschlossen wurde.

1.1.3 Stufenbau der Rechtsquellen des Arbeitsrechts

In der Literatur finden sich verschiedene Ansätze zum Rangaufbau des dt. Arbeitsrechtes.

Eindeutig ist, dass das Europäische Recht Vorrang gegenüber dem nationalen Recht besitzt. Normen des EG- Vertrages können z. B. unmittelbare Wirkung im Arbeitsverhältnis entfalten. Als Beispiel sei hier Art. 39 EG-Vertrag zur Regelung der Freizügigkeit der AN angeführt.

National ist das Grundgesetz die bedeutendste Rechtsquelle. Alle Gesetze und Verordnungen, bis hin zu den einzelnen Arbeitsverträgen, müssen mit dem Grundgesetz konform gehen.

---

[3] Vgl Richardi, Arbeitsgesetze[66] (2005) S. XV

Von der ranghöchsten bis zur rangniedrigsten Rechtsquelle folgen dem Grundgesetz Gesetze, Verordnungen, Tarifverträge, Betriebsvereinbarungen und der Arbeitsvertrag. Tarifverträge sind dagegen autonome Rechtsnormen, die von den Sozial- und Betriebspartnern vereinbart werden können[4]. Das oben genannte Rangprinzip gilt dann nicht, wenn die nachrangige Vorschrift für den AN die günstigere ist, und die vorrangige nicht zwingend ist („Günstigkeitsprinzip")[5]. Es können daher sowohl z. B. tarifvertraglich höhere Löhne gezahlt werden, wenn das Gesetz ein bestimmtes Mindestgehalt vorsieht.

Treten nun auf derselben Rangstufe Konkurrenzen auf, so gilt das Spezialitäts- oder Ordnungsprinzip, wonach die spezielle Regelung der allgemeinen Regelung vorgeht.

Das Günstigkeitsprinzip ist in diesen Fällen nicht anzuwenden.[6]

Von Bedeutung ist auch die Regelungssperre zugunsten von Tarifverträgen, die besagt, dass „Arbeitsbedingungen, die durch Tarifvertrag geregelt sind, nicht Bestandteil einer Betriebsvereinbarung sein können" (§77 Abs.3 BetrVG). Würde beispielsweise die Betriebsvereinbarung ein höheres Gehalt als der Tarifvertrag vorsehen, wäre diese ungültig. Grund hierfür ist, dass die Rechtsetzungsbefugnisse der Tarifvertragsparteien nicht durch betriebliche Abweichungen ausgehöhlt werden.[7]

Ebenso unzulässig ist eine isolierte Betrachtungsweise, bei der die jeweils günstigere Regelung eines ganzen Regelungskomplexes angewandt wird (sog. Rosinentheorie). Es ist z. B. nicht erlaubt, die längere Urlaubszeit aus dem Tarifvertrag mit dem einzelvertraglich höheren Urlaubsgeld zu kombinieren.

---

[4] §77 BetrVG idgF
[5] §4 Abs. 3 TVG idgF
[6] Vgl. BAG, Urt. . 16.05.2001 – 10 AZR 357/00
[7] BAG, Beschluss vom 29.4.2004 – 1 ABR 30/02

1.2 Der Arbeitsvertrag

1.2.1 Abschlussfreiheit

§ 105 GewO lässt den AG und AN Abschluss, Inhalt und Form des Arbeitsvertrages frei gestalten, „soweit nicht zwingende gesetzliche Vorschriften […] entgegenstehen".

Die Abschlussfreiheit gestattet den Vertragsparteien die freie Entscheidung ob, und mit wem sie einen Arbeitsvertrag eingehen wollen. Dies geht mit Art. 12 GG konform, der die Berufsfreiheit proklamiert.

Einschränkungen erfährt die Abschlussfreiheit aber z. B. durch den § 71 Abs.1 SGB IX, der vorsieht, dass bei Betrieben mit mehr als 20 Arbeitsplätzen 5% der Arbeitsplätze mit Schwerbehinderten zu besetzen sind.

Gemäß § 611 a BGB darf der AG die Einstellung des Bewerbers nicht aufgrund des Geschlechts ablehnen, wenn es objektiv gleichgültig ist, ob ein Mann oder eine Frau den Beruf ausübt.

§99 Abs.1 BetrVG sieht ferner vor, dass der BR in Unternehmen mit mehr als 20 AN der Einstellung eines neuen AN zustimmen muss.

Außerdem ist der AG durch Art. 33 Abs.2GG bei der Bewerberauswahl insofern eingeschränkt, als dass er seine Entscheidung aufgrund der Leistung und fachlichen Eignung des Bewerbers fällt. Wurde die Stelle bereits dem weniger geeigneten Mitbewerber übertragen kommt im Falle einer Klage jedoch nur noch ein Schadenersatzanspruch in Betracht[8].

Die inhaltliche Gestaltungsfreiheit des Arbeitsvertrages ist enger bemessen.

Zahlreiche Arbeitnehmerschutzbestimmungen (z. B. ArbZG, JArbSchG, Tarifverträge, SGB) schränken die Vertragsparteien hier stark ein. Außerdem dürfen auch diese Verträge naturgemäß nicht gegen die guten Sitten verstoßen.

Arbeitsverträge können schriftlich, mündlich oder durch konkludentes Verhalten abgeschlossen werden können.

---

[8] BGH, Urt. v. 6. 04. 1995 - III ZR 183/94

Eine Ausnahme besteht hier für die Konkurrenzklausel, die schriftlich vereinbart werden muss (§74 HGB).

Bei mündlichem Vertragsabschluss verpflichtet §2 Abs.1 NachwG den AG, spätestens einen Monat nach dem Beginn des Arbeitsverhältnisses eine Niederschrift auszuhändigen, welche die wesentlichen Arbeitsvertragsbedingungen enthält. Keine Geltung hat das NachwG für AN, die nur zur vorübergehenden Aushilfe von höchstens einem Monat eingestellt werden (§1 NachwG).

1.2.2 Vertragsabschluss

Der Arbeitsvertrag ist ein schuldrechtlicher Vertrag der durch Angebot und Annahme zustande kommt (§145 HGB). Er setzt ausreichend bestimmbare Willenserklärungen und Einigung in den wesentlichen Vertragsbestandteilen voraus. Es müssen aber nicht sämtliche Rechtsfolgen endgültig geregelt werden, da es durchaus üblich ist, dass ergänzende Kollektivvereinbarungen in den Vertrag einwirken.[9]

1.2.3 Mangelhafter Arbeitsvertrag

Bei Arbeitsverträgen mit rechtlichen Mängeln wurde die Rechtsfigur des **faktischen Arbeitsverhältnisses** entwickelt. In diesem Fall ist das Arbeitsverhältnis für die Vergangenheit wie ein fehlerfrei zustande gekommenes zu behandeln und kann nur für die Zukunft durch einseitige Erklärung aufgelöst werden. §626 BGB über die fristlose Kündigung aus wichtigem Grund ist hier jedenfalls anwendbar.[10] Voraussetzungen für ein faktisches Arbeitsverhältnis sind ein fehlerhafter Arbeitsvertrag und dessen Vollzug.

Es liegt kein faktisches Arbeitsverhältnis vor, wenn überwiegende öffentliche Interessen oder Interessen des Einzelnen, insbesondere des AN, der Annahme des faktischen Arbeitsverhältnisses entgegenstehen.

Ist ein Vertragspartner geschäftsunfähig (§ 104 BGB), ist der Vertrag auch dann nichtig, wenn er bereits vollzogen wird (§ 105

---

[9] Vgl Pulte, Das deutsche Arbeitsrecht, (2003) S. 11
[10] BGH, Urt. V. 3.7.2000 – II ZR 282/98

BGB). Hier gelten die genannten Grundsätze des faktischen Arbeitsverhältnisses nicht.

1.3 Pflichten des Arbeitnehmers

1.3.1 Arbeitspflicht

Die Arbeitspflicht ist die Hauptpflicht des AN. Sie ist nach
§ 613 BGB eine höchstpersönliche Pflicht. Eine Übertragung auf
einen anderen AG ist grundsätzlich unzulässig.

Der Inhalt der Arbeitspflicht ergibt sich aus dem Arbeitsvertrag, der durch andere Gestaltungsfaktoren konkretisiert wird.[11]
Dem Direktionsrecht des AG kommt umso mehr Bedeutung zu, je
weniger konkret der Arbeitsvertrag formuliert ist (§ 106 GewO).

Ist die Arbeitsleistung im Vertrag nur allgemein umschrieben,
muss der AN jede mit dem Vertragsabschluss zu erwartende ange-
messene Tätigkeit ausführen. Der AN muss aber keine niedriger be-
zahlte Arbeit ausüben, wenn es der Arbeitsvertrag nicht vorsieht.[12]
Dem Umfang der Arbeitspflicht wird öffentlich-rechtlich durch das
ArbZG, dem JArbSchG und dem MuSchG Grenzen gesetzt.

Die Arbeitszeit darf gem. §3 S.1 ArbZG grundsätzlich acht
Stunden täglich nicht überschreiten. Eine Abweichung findet sich in
§3 ArbZG S.2, wonach die tägliche Arbeitszeit auf bis zu zehn Stunden verlängert werden kann, wenn innerhalb von sechs Monaten
eine durchschnittliche Arbeitszeit von acht Stunden täglich nicht
überschritten wird.

Im Zuge der Flexibilisierung des dt. Arbeitsrechtes wurden mit
der Agenda 2010 der §7 ArbZG betreffend der abweichenden Regelungen modifiziert. U. a. darf, wenn der Bereitschaftsdienst erheblich zur Arbeitszeit beiträgt, auch die 10 Stunden- Grenze überschritten werden.

Seit 1994 gibt es keinen gesetzlichen Anspruch mehr auf Überstundenvergütung.[13]

---

[11] siehe dazu oben: Stufenbau der Rechtsquellen des Arbeitsrechts
[12] Zu den einseitigen Leistungsbestimmungsrechten § 315 ff. BGB
[13] Buch, Rechtsberatung Arbeitsrecht, http://www.internetratgeber-recht.de/Ar-
beitsrecht/frameset.htm? (26.3.2006)

Ist eine Überstundenvergütung vereinbart, berechnet sich die Vergütung auf der Grundlage der üblichen Arbeitszeit und des jeweiligen Arbeitentgelts.

Ein Zuschlag auf das gewöhnliche Entgelt kann nur verlangt werden, wenn er in Tarifverträgen, Betriebsvereinbarungen oder dem Arbeitsvertrag vereinbart ist. Üblicherweise wird für Überstunden an Werktagen ein Zuschlag von 25 %, und für Überstunden an Sonn- und Feiertagen ein Zuschlag von 50 % bezahlt. Entsprechendes gilt für einen Freizeitausgleich. Privatrechtlich ergibt sich die dem AG geschuldete Arbeitszeit aus dem Arbeitsvertrag, Tarifvertrag oder evtl. aus der Betriebsvereinbarung.[14] Ohne eine privatrechtliche Vereinbarung ist der AN nur in Ausnahmefällen, aufgrund seiner Treuepflicht, zur vorübergehenden Mehrarbeit verpflichtet.[15]

1.3.2 Treuepflicht

Während die Arbeitspflicht des AN als materieller Teil des Arbeitsvertrags gesehen werden kann, ist bei der Treuepflicht von einer ideellen Verpflichtung gegenüber dem AG, zur Wahrung des Betriebsinteresses auszugehen. Sie beinhaltet u. a. die Nachweispflicht im Krankheitsfall, Sorgfalts- und Schadensabwendungen, die pflegliche Behandlung der Arbeitsgeräte das Schmiergeldverbot oder das Wettbewerbsverbot (siehe unten).

Eine erhöhte Treuepflicht ergibt sich für AN im öffentlichen Dienst (vgl. §§ 6, 8 ff. BAT) sowie bei kirchlichen Arbeitgebern wie auch das BAG in seinem Urt. vom 21.2.2001 feststellte.[16] Verwiesen wurde hierbei auf das verfassungsrechtlich gewährleistete Selbstbestimmungsrecht der Kirche (Art.140 GG i. V. m. Art.136ff. WRV).

1.3.3 Wettbewerbsverbot

Das Wettbewerbsverbot ist ein bedeutender Teil der Treuepflicht und besagt, dass der AN während des Bestands des Arbeitsverhältnisses, dem AG in seinem Geschäftszweig keine Konkurrenz

---

[14] BAG Urt. v. 3.6.2003 – 1 AZR 349/02
[15] Siehe §§ 14, 15 ArbZG
[16] BAG, Urt. v. 21.02. 2001 -2AZR 139/00

bieten darf. Konkurrenzgeschäft in diesem Sinne ist jede spekulative, auf Gewinn gerichtete Teilnahme am Geschäftsverkehr.[17]

Das HGB sieht vor dass „der Handlungsgehilfe [...] ohne Einwilligung des Prinzipals weder ein Handelsgewerbe betreiben noch in dem Handelszweige des Prinzipals für eigene oder fremde Rechnung Geschäfte machen" darf (§ 60 HGB). Ein nachvertragliches Wettbewerbsverbot besteht bei wirksamen vertraglichen Vereinbarungen, die insbesondere sog. Karenzentschädigungen vorsehen (§74 ff. HGB).[18]

Als Wettbewerbsverbot im weiteren Sinne kann auch das **Nebentätigkeitsverbot** gesehen werden, dass auch im Sinne der Treuepflicht es dem AN nicht gestattet, eine Nebentätigkeit anzunehmen, die seine Leistungsfähigkeit im Hauptberuf einschränkt.[19]

Des Weiteren könnte z. B. die Gesamtarbeitszeit die zulässigen Grenzen des ArbZG überschreiten. Nicht gestattet ist es dem AN, während dem Urlaub eine Nebentätigkeit auszuüben, da der Urlaub zur Erholung dienen sollte.

1.3.4 Sanktionen bei Pflichtverletzung

Eine beharrliche Arbeitsverweigerung, also das dauernde Verweigern der Arbeitspflicht, ist nach einer Abmahnung ein wichtiger Kündigungsgrund i. S. d. § 626 BGB. Wird dem Arbeitnehmer allerdings gem. § 626 BGB gekündigt[20], hat der AG Anspruch auf Schadensersatz nach § 628 BGB.[21] Wird dem AN nicht gekündigt, hat der AG aus der Pflichtverletzung des AN Schadenersatzanspruch nach § 280 Abs. 1 BGB.

Aus § 241 Abs.2 BGB ergibt sich für jeden Vertragspartner die allgemeine Pflicht, den Vertragszweck nicht zu beeinträchtigen. Die Nichterfüllung des Vertrags (Vertragsaufgabe) läuft dieser Pflicht zuwider, sodass die Voraussetzungen des § 280 BGB erfüllt werden.

---

17 Pleitgen, Ratgeber Recht, http://www.ratgeberrecht.de/fragen/view/rf00666.html (4.2.2006)
18 BAG, Urt. v. 13.7.2005 -10 AZR 532/04
19 BAG, Urt. v. 28.2.2002 - 6 AZR 357/01
20 Schadenersatz kann allerdings auch bei aufrechtem Bestand des Dienstverhältnisses gefordert werden
21 Vgl Marschollek, Arbeitsrecht[14] (2005) S.112

Eine praktische Unterscheidung nach welchem § der AG Schadenersatzansprüche stellt, ergibt sich aus dem Umfang des Schadens welchen der vertragsbrüchige AN zu ersetzen hat. Nach § 628 BGB muss er den Schaden ersetzen, der durch die Auflösung des Vertrags entstanden ist, während er nach § 280 Abs.1 BGB auch die Schäden ersetzen muss, die seit dem unterlassenen Arbeitsantritt entstanden sind.[22]

Neben dem Schadensersatz kommt noch eine pauschale Entschädigung nach § 61 Abs.2 ArbGG in Betracht. Dem AG steht eine „vom Arbeitsgericht nach freiem Ermessen festzusetzende Entschädigung" zu.

Der AG kann die Arbeitspflicht, die ihm aus dem Dienstvertrag rechtmäßig zusteht gem. § 888 Abs.1 ZPO einklagen. Das Urteil ist aber wegen §888 Abs. 3 ZPO nicht vollstreckbar.

Der AN darf aus wichtigem Grund von der Arbeit fernbleiben. § 242 BGB spricht in diesem Zusammenhang von einer Verpflichtung zur Leistung „mit Rücksicht auf die Verkehrssitte". Der Tod eines Angehörigen ist z.b. ein wichtiger Grund für das Fernbleiben von der Arbeit. Ebenso zählen die Pflege naher Angehöriger, behördliche Termine oder andere wichtige familiäre Ereignisse wie Hochzeit oder Erstkommunion zu wichtigen Gründen, die ein Fernbleiben von der Arbeit gestatten.[23]

Bei Schlechterfüllung der Arbeit stehen dem AG evtl. Haftungsansprüche nach § 280 Abs. 1 BGB zu. Voraussetzung für eine Haftung ist immer ein Verschulden des AN.[24] Da der AN dem AG gem. § 611 BGB keinen Erfolg (wie bei einem Werkvertrag), sondern „die Leistung der versprochenen Dienste" schuldet, wird in der Praxis auf die erforderliche und geleistete Mühe des AN abgestellt. Ein Beispiel mag die Schwierigkeit de Auslegung dieses unbestimmten Rechtsbegriffs zeigen: Der Arbeitnehmer wurde vom Arbeitgeber aufgrund mangelhafter Leistung ordentlich gekündigt, woraufhin er beim Arbeitsgericht erfolgreich Klage erhob. Das LG verweigerte die Berufung mit der Begründung, dass der Arbeitnehmer, der nur zu unterdurchschnittlichen Leistungen fähig sei, auch nur ebendiese Leistung zu erbringen habe. Dem widersprach das BAG, das an-

---

[22] Vgl § 249 BGB zum Umfang des Schadenersatzes
[23] Pleitgen, Ratgeber Recht, http://www.ratgeberrecht.de/fragen/view/rf00468.html (5.2.2006)
[24] Vgl § 619a BGB

merke, dass ein Hinweis auf eine Minderleistung dann vorliege, wenn der AN seine Reserven nicht vollständig ausschöpfe. Das BAG verwies den Fall in seiner Entscheidung zurück an das LG mit dem Vermerk, dass ein Sachverständigengutachten sinnvoll wäre.[25]

Kommt es beim AG zu Sachschäden, die vom AN im Rahmen der betrieblich veranlassten Tätigkeit verursacht wurden, haftet dieser grds. gem. § 276 BGB, wenn er die Pflichtverletzung zu vertreten hat. Dies würde freilich bedeuten, dass der AN jeden Schaden, den er schon bei leichter Fahrlässigkeit verursacht, voll bezahlen müsste. Dieses „Alles oder nichts"- Prinzip ist aus sozialen Gesichtspunkten naturgemäß nicht vertretbar, da diese Regelung für den AN existenzgefährdend wäre. Daher hat der Arbeitnehmer nur dann den vollen Schaden zu ersetzen, wenn er diesen mit Vorsatz herbeigeführt hat.[26]

Bei Fahrlässigkeit ist hingegen zu unterscheiden. Je nach Ausmaß der Fahrlässigkeit haftet der Arbeitnehmer unter Umständen persönlich. Bei leichtester Fahrlässigkeit oder einer entschuldbaren Fehlleistung haftet der Arbeitnehmer überhaupt nicht mehr. Der Schutzzweck der Haftungsbeschränkung kann auch nicht dadurch umgangen werden, dass der Arbeitgeber einen Katalog aufstellt der schon auf abstrakte Gefahren hinweist, die zu vermeiden sind. Auch in der Praxis wäre diese Vorgehensweise wenig sinnvoll, da der Arbeitnehmer diesfalls in der Ausübung seiner Arbeit beeinträchtigt wäre, und ein Leistungsabfall aufgrund der lähmenden Vorsichtsmaßnahmen wahrscheinlich wäre.[27] Bei grober Fahrlässigkeit besteht hingegen eine Haftung des Arbeitnehmers, die sich auch nach dem Grad der Gefahrgeneigtheit der Tätigkeit richtet.

---

[25] BAG, Urt. v. 11.12.2003 – 2 AZR 667/02
[26] Vgl Soli aktuell Ausgabe vom 06/03 Autor: Wolf- Dieter Rudolph, http://194.245.102.234/UNIQ114362912012071/doc70224A.html (25.3.2006)
[27] Palm, Arbeitsrecht, http://www.rechtsanwaltdrpalm.de/arbeitnehmerhaftung.htm (29.3.2006)

1.4 Pflichten des Arbeitgebers

1.4.1 Entgeltpflicht

Die Lohnzahlungspflicht ist die Hauptpflicht des Arbeitgebers (§611 BGB). Die Höhe des Lohnes fällt grds. unter die Vertragsautonomie. Das bedeutet, dass die Vertragsparteien die Vergütungshöhe frei vereinbaren dürfen, solange allerdings die Grenze zur Sittenwidrigkeit nicht unterschritten wird.

Sind beide Parteien nun tarifgebunden, darf diese Vereinbarung gem. §4 Abs.3 TVG den tariflichen Mindestlohn nicht unterschreiten. Ein höherer Lohn wäre aufgrund des Günstigkeitsprinzips (siehe oben) ohne weiteres möglich.

Der Tatbestand der sittenwidrigen Lohnzahlung ist fließend und von den Umständen abhängig. Der BGH entschied am 22. April 1997[28], dass eine Vergütung von 2/3 des Tariflohnes den Wuchertatbestand des § 302 a StGB erfüllt. In einem anderen Urteil des BAG vom 23.5.2001 lag bei einer Vergütung von 70% der ortsüblichen Vergütung keine Sittenwidrigkeit bzw. Lohnwucher vor[29].

Für die Berechnung des Lohnes gibt es wie in Österreich zwei Grundformen, nämlich den Zeit- und den Leistungslohn. Unter dem Erstgenannten versteht man das feste Gehalt, also das Entgelt pro Zeiteinheit. Die Entlohnung ist hier unabhängig vom Erfolg des Arbeitnehmers, während der Leistungs- oder Akkordlohn auf das Arbeitsergebnis des Arbeitnehmers abzielt. Der Akkordsatz ist der Geldbetrag, der dem Arbeitnehmer pro Arbeitseinheit zusteht.[30] Zusätzlich stehen dem Arbeitnehmer regelmäßig Lohnzuschläge wie Überstundenzuschläge, oder Gratifikationen wie Urlaubs oder Weihnachtsgelder zu. Eine Sonderform des Lohnes ist auch der Naturallohn, der bis zum 1.1.2003 grds. unzulässig war.[31] Darunter werden Sachbezüge verstanden, die dem Arbeitnehmer anstelle des Geldes zustehen.

---

28 BGH, Urt. v. 22. 04. 1997 - 1 StR 701/96
29 Vgl Marschollek[14], Arbeitsrecht (2005), 120
30 Vgl Jabornegg/ Resch/ Strasser; Arbeitsrecht, (2003) Rn. 339
31 Vgl Marschollek[14], Arbeitsrecht (2005), 120

Mit dem Dritten Gesetz zur Änderung der Gewerbeordnung, wurde dieses sog. Truckverbot relativiert. Die Grenzen der Gewährung von Sachbezügen regelt jetzt §107 Abs.2 GewO (vorher §115 ABs.1 GewO). Demnach dürfen Sachbezüge als Teil des Entgelts vereinbart werden, „wenn dies dem Interesse des Arbeitnehmers oder der Eigenart des Arbeitsverhältnisses entspricht."[32] Der Beurteilungsmaßstab für die Interessen des Arbeitnehmers bleibt unklar, da diese Regelung stark individuell und abstrakt ausgelegt wurde. §107 Abs.3 GewO verbietet darüber hinaus, dass Arbeitnehmer ausschließlich für Trinkgeld arbeiten.

Obwohl der neue Wortlaut zwingend eine Berechnung und Auszahlung des Entgelts in Euro vorsieht[33], wird man dies wohl als redaktionelles Versehen werten müssen, da sich ansonsten Probleme bei Beschäftigungsverhältnissen mit Bezug zu Ländern mit anderer Währung ergeben. Diese Bestimmung wird man im Hinblick auf die ausdrücklich gewährte Vertragsfreiheit daher als abänderbar ansehen können.

1.4.2 Beschäftigungspflicht

Die Beschäftigungspflicht leitet der deutsche Gesetzgeber aus dem grundrechtlich gewährten Persönlichkeitsschutz des Art.2 GG her, nachdem jeder „das Recht auf die freie Entfaltung seiner Persönlichkeit" hat. Auch der Arbeitnehmer ist daran interessiert sich am Arbeitsplatz zu entfalten, und sich ggf. weiterzubilden[34]. Oft verweist die Literatur auch auf das Sozialstaatsprinzip. Der Arbeitnehmer ist also nicht nur verpflichtet zu arbeiten, sondern hat auch das Recht, beschäftigt zu werden. Nur wenn überwiegende betriebliche Interessen es gebieten (z. B. wenn der Verdacht des Verrats von Betriebsgeheimnissen), kann der Arbeitgeber die Beschäftigung des Arbeitnehmers verweigern.

Besonderen Schutz genießen Schwerbehinderte gem. §81 Abs.4 SGB IX, die so zu beschäftigen sind, dass sie ihre Fähigkeiten und Kenntnisse möglichst voll verwerten und weiterentwickeln können.

---

[32] §107 Abs.2 S.1 GewO idgF
[33] §107 Abs.1 GewO idgF
[34] Vgl Marschollek, Arbeitsrecht (2005), 115

1.4.3 Fürsorgepflicht

Die Fürsorgepflicht des Arbeitgebers ist das Pendant zur Treuepflicht des Arbeitnehmers.[35] Unter diese Fürsorgepflicht fällt bspw.
die Pflicht zum Schutz von Leben und Gesundheit des Arbeitnehmers. Dieses öffentlich- rechtliche Arbeitsschutzrecht ist vom Gesetzgeber weitgehend definiert worden.[36] Es konkretisiert den Min-
deststandard der Schutzpflichten des Arbeitgebers in medizinischer,
technischer und sozialer Hinsicht (z. B. ArbZG, MuSchG). §3a
ArbeitsstättenVO sieht auch vor, dass der Arbeitgeber verpflichtet
werden kann, ein Rauchverbot am Arbeitsplatz einzuführen, wobei
auch auf das Persönlichkeitsrecht der Raucher Rücksicht zu nehmen
ist.[37]

Der Arbeitgeber ist auch verpflichtet, die Persönlichkeitsbelan-
ge des Arbeitnehmers zu schützen. Von Bedeutung ist in diesem
Zusammenhang die Datenerhebung, -verarbeitung und –nutzung
für eigene Zwecke. §28 BDSG sieht vor, dass die Speicherung von
personenbezogenen Daten nur dann zulässig ist, wenn es für das
Arbeitsverhältnis von Bedeutung ist. Der Zweck der Datenverarbei-
tung ist dabei konkret festzulegen.

Die Datenerhebung ist außerdem zulässig, wenn dies zum
Zweck der Gesundheitsvorsorge erforderlich ist, und die Verarbei-
tung der Daten durch ärztliches Personal erfolgt, das einer entsprechenden Geheimhaltungspflicht unterliegt.[38] Verstöße gegen den
Datenschutz wie bspw. das unbefugte Abfragen einer Geheimliste
vom Computer, können, nach vorheriger Abmahnung, eine ordent-
liche Kündigung rechtfertigen.[39]

Ausdrücklich vorgeschrieben ist die Verschwiegenheitspflicht
des Arbeitgebers

- bei Kenntnis einer Schwangerschaft

  (§5 Abs.1 MuSchG)

- bei geschützten personenbezogenen Daten

  (§5 BDSG)

---

[35] Vgl Pulte, Das deutsche Arbeitsrecht (2003), 19
[36] Vgl §§617ff. BGB, §62 HGB, §120a GewO
[37] Vgl Marschollek, Arbeitsrecht (2005), 133
[38] §28 Abs.7 S.1 BDSG
[39] Vgl Schulz, Kündigungsschutz im Arbeitsrecht von A-Z (1999), 80

- bei Arbeitnehmererfindung (§24 Abs.1 ArbnErfG)

Des Weiteren muss der Arbeitgeber dafür Sorge tragen, dass das Eigentum des Arbeitnehmers während der Arbeitszeit geschützt ist.[40]

Der Arbeitgeber muss im Rahmen seiner allgemeinen Fürsorgepflicht weiterhin den Arbeitnehmer auch vor sexueller Belästigung, Mobbing und Ausländerfeindlichkeit schützen.

---

[40] Vgl Pulte, Das deutsche Arbeitsrecht, (2003), 21

2 Das Individualarbeitsrecht in Österreich

2.1 Grundsätzliches

Im Wesentlichen kann hier auf Punkt 1.1.1 verwiesen werden, da der Zweck des Individualarbeitsrechtes in Österreich und Deutschland derselbe ist, nämlich den Interessensgegensatz von Arbeitnehmer und Arbeitgeber zu regeln, und das wirtschaftliche Ungleichgewicht zwischen diesen Parteien rechtlich zu verringern. Viele Normen enthalten daher wie in Deutschland zwingende Wirkung zugunsten der Arbeitnehmer.[41] Neben der Schutzfunktion kommt dem Arbeitsrecht auch eine Ordnungsfunktion zu, d. h. dass die Lenkung der Interessensgegensätze in festgelegten Bahnen zu erfolgen hat.[42]

Auch in Österreich wird zwischen dem Individualarbeitsrecht und dem kollektiven Arbeitsrecht unterschieden. Zu letzterem zählen u. a. das Koalitions- und Arbeitsverbandsrecht, das Betriebsverfassungsrecht oder das Arbeitskampfrecht.

Das österreichische Arbeitsrecht ist zwar unübersichtlich, doch im Gegensatz zum deutschen gibt es mehr gesetzliche Regelungen, was den Spielraum für Richterentscheidungen einengt. Wie bereits oben erwähnt, kommt in Deutschland der Rechtsprechung eine bedeutende Rolle zu, da z. B. das Arbeitskampfrecht gesetzlich nicht geregelt ist. Ein Aspekt der Unübersichtlichkeit resultiert bspw. daraus, dass gleiche Begriffe wie z. B. der des leitenden Angestellten in mehreren Gesetzen zu finden ist, diesem Begriff aber teilweise unterschiedliche Bedeutungen zukommen, und auf jeweils einen größeren oder kleineren Personenkreis angewandt werden kann.[43]

2.1.1 Geschichtliche Entwicklung

Der Vorläufer für das Angestelltengesetz, das Handlungsgehilfengesetz, wurde im Zuge der Sozialgesetzgebung bereits am Ende der Monarchie, im Jahre 1911, verabschiedet.

---

[41] Vgl Stärker, Arbeits- und Sozialrecht für die Praxis³ (2003), Rn 6b
[42] Stärker spricht hier von einer Kanalisierung der Interessengegensätze
[43] Vgl Stärker, Einführung in das Arbeits- und Sozialrecht (2003), Rn 6c

Das Arbeitsrecht des ABGB wurde mit der III. Teilnovelle im Jahr 1916 erneuert. In den ersten Jahren der ersten Republik entwickelte sich das Arbeitsrecht mit dem Betriebsrätegesetz von 1919 und dem Angestelltengesetz von 1920 sukzessiv weiter. Das Urlaubs- und Abfertigungsrecht wurde in der zweiten Republik ab dem Ende der 60er Jahre bis in die 70er Jahre vereinheitlicht, die Arbeitszeiten verkürzt und das kollektive Arbeitsrecht in Teilen im Arbeitsverfassungsgesetz (ArbVG) kodifiziert.[44] Mit dem Beitritt zur europäischen Union im Jahre 1995 wurden weitere Anpassungen erforderlich. Eine Neuorientierung erfolgte im Jahr 2002 mit der Reform der Abfertigung, die abgeschafft wurde. Im Gegenzug hat der AG Beiträge an die Mitarbeitervorsorgekasse zu leisten. Die Auszahlung der Entgeltteile hängt also mit der Entwicklung des Kapitalmarktes zusammen.

2.1.2 Stufenbau der Rechtsquellen des Arbeitsrechts

Verfassungsgesetzlich gewährleistete Grundrechte schlagen sich auch im Österreichischen Arbeitsrecht nieder. Herauszuheben sind ins- besondere die Vereins- und Versammlungsfreiheit einschließlich der Koalitionsfreiheit (Art. 11 EMRK; Art.12 StGG), die zur Gründung von Personalvertretungen besondere Bedeutung erlangen, oder das Grundrecht auf Eigentumsfreiheit (Art.5 StGG). Art.39 EG zur Arbeitnehmerfreizügigkeit kommt als Europarecht unmittelbar zur Anwendung. Solche Vorschriften genießen im Vergleich zum nationalen Recht generellen Anwendungsvorrang. An höchster Stufe steht das primäre und sekundäre Gemeinschaftsrecht, da das europäische Recht grds. den Vorrang vor nationalem Recht hat. Die nächsten Stufen bilden das Verfassungsrecht, sowie die verfassungsrechtlichen Grundsätze, die zwingenden Gesetze, Verordnungen, Kollektivverträge, Betriebsvereinbarungen, bis zum Arbeitsvertrag.Die Einzelverträge zwischen dem Arbeitgeber und dem einzelnen Arbeitnehmer haben mehr eine Begründungs- als eine Gestaltungsfunktion, da letztere durch die Kollektiv- und Betriebsvereinbarung bereits definiert wurde.[45] Das Weisungsrecht gibt dem Arbeitgeber in seiner unternehmerischen Tätigkeit eine größere Flexibilität, da er damit das Arbeitsverhältnis präziser for-

---

[44] Vgl Jabornegg/ Resch/ Strasser, Arbeitsrecht, (2003), Rn 623
[45] Vgl Jabornegg/ Resch/ Strasser, Arbeitsrecht (2003), Rn 33

mulieren, und an bestimmte Gegebenheiten anpassen kann. Bei Widersprüchen zwischen Rechtsnormen gleicher Stufe geht die speziellere Norm der generelleren vor. Der Grundsatz „ lex specialis derogat legi generali" hat also zur Folge, dass bei Angestellten das AngG und nicht etwa das ABGB anzuwenden ist.

2.2 Der Arbeitsvertrag

2.2.1 Abschlussfreiheit

Grds. kann jede Person seine vertraglichen Beziehungen selbst nach seinem Belieben regeln.[46] In diesem Zusammenhang wird auch von Privatautonomie gesprochen, und meint damit, dass die Rechtsordnung es den Parteien des Rechts- und Wirtschaftslebens überantwortet, ihre rechtlichen Fragen und Beziehungen zueinander selbst(verantwortet) zu regeln. Im Arbeitsrecht können die Parteien innerhalb der rechtlichen Grenzen nach ihrem Belieben Arbeitsverträge abschließen. Charakteristisch sind nach Stärker[47] die

- Formfreiheit
- Abschlussfreiheit
- Die Freiheit der Wahl des Vertragspartners

Die Inhaltsfreiheit ist durch gesetzliche und kollektivrechtliche Normen stark eingeschränkt. Verstöße gegen die guten Sitten werden in diesem Zusammenhang z. B. nach §879 ABGB sanktioniert.[48] Außerdem ist die Abschlussfreiheit, ähnlich wie in Deutschland, noch dadurch eingeschränkt, dass der Arbeitgeber gem. §1 BEinstG mindestens einen Behinderten pro 25 Arbeitnehmer einstellen muss.

2.2.2 Vertragsabschluss

---

[46] Vgl Jabornegg/ Resch/ Strasser, Arbeitsrecht (2003), Rn 158
[47] Vgl Stärker, Einführung in das Arbeits- und Sozialrecht, (2003), Rn 174
[48] Zivilrecht.online, http://www2.uibk.ac.at/zivilrecht/buch/kap5_0.xml (14.3.2006)

Zur Wirksamkeit des Vertrages müssen die Voraussetzungen der §§ 861 ff ABGB erfüllt sein. Allgemeine Voraussetzungen für einen Vertragsabschluss sind[49]:

- Die Geschäftsfähigkeit der Vertragsparteien gem. § 865 ABGB
- Korrespondierende Willenserklärungen gem. §869 ABGB
- Die Absenz von Willensmängeln wie Irrtum, Täuschung und Zwang gem. §§870 ff ABGB
- Die Möglichkeit des Vertragsinhaltes gem. §878 ABGB
- Die Erlaubtheit des Vertragsinhaltes gem. §879 ABGB
- Eventuelle Formvorschriften gem. §§883 ABGB

2.2.3 Mangelhafter Arbeitsvertrag

Im Unterschied zu Deutschland ist es bereits mündigen Minderjährigen, Jugendliche ab dem 14. Geburtstag, gestattet, einen Arbeitsvertrag abzuschließen.[50] Für den Abschluss von Lehr- und Ausbildungsverträgen sieht der Gesetzgeber allerdings vor, dass es zur Wirksamkeit des Vertrages der Zustimmung des gesetzlichen Vertreters bedarf.[51] Auch bei einem ungültigen Arbeitsvertrag hat der Arbeitnehmer ebenso wie in Deutschland ein Anrecht auf die vereinbarte Entlohnung.

Auch hier gelten die Konsequenzen nur für die Zukunft, d. h. eine rückwirkende Aufhebung des Vertrages ist nicht möglich, außer der Vertrag kam durch List oder Drohung zustande[52]. Die Rechtsfolge von Täuschung oder Drohung ist nämlich Nichtigkeit.[53]

2.3 Pflichten des Arbeitnehmers

---

[49] Zivilrecht.online, http://www2.uibk.ac.at/zivilrecht/buch/kap5_0.xml (14.3.2006)
[50] Vgl Stärker, Arbeits- und Sozialrecht für die Praxis, (2003), RN 175
[51] §12 Abs.1 BAG
[52] Vgl §870 ABGB „Wer von dem anderen Teile durch List oder durch ungerechte und gegründete Furcht (§ 55) zu einem Vertrage veranlaßt worden, ist ihn zu halten nicht verbunden."
[53] Zivilrecht.online, http://www2.uibk.ac.at/zivilrecht/buch/kap5_0.xml (24.3.2006)

2.3.1 Arbeitspflicht

Der Arbeitnehmer ist gem. §1153 ABGB verpflichtet, die Arbeit höchstpersönlich zu leisten, d. h. dass er nicht die Möglichkeit hat, diese an einen Dritten zu delegieren.[54] Der Gesetzgeber sieht zwar vor, dass die Leistung in eigener Person erfolgen muss, wenn sich aus dem Vertrag nichts anderes ergibt. Allerdings hat diese Abschwächung in der Praxis kaum eine Bedeutung, da fast alle Arbeitsverhältnisse von der persönlichen Arbeitspflicht ausgehen.

Die einzige Ausnahme dieses Grundsatzes normiert §17 HbG, demzufolge der Hausbesorger verpflichtet ist, im Falle seiner Verhinderung, ausgenommen Unfall und Krankheit, auf seine eigenen Kosten für eine geeignete Vertretung zu sorgen. Ähnlich wie in Deutschland hat der Gesetzgeber der Arbeitspflicht mit dem Arbeitszeitgesetz AZG, und dem Arbeitsruhegesetz ARG Grenzen gesetzt. Generell wird als Arbeitszeit jene Zeit verstanden, die von Beginn bis Ende der Arbeit anfällt, allerdings ohne Ruhepausen und Wegezeit.[55] Die Normalarbeitszeit darf grds. pro Tag acht und pro Woche 40 Stunden nicht überschreiten. Davon zu unterscheiden ist die Überstundenarbeit, die vorliegt, sobald die zulässige gesetzliche Normalarbeitszeit überschritten wird[56]. Gem. §10 AZG ist eine Überstunde mit einem Zuschlag von 50%, ausgehend von der Grundstundenvergütung zu vergüten. Eine weitere Möglichkeit besteht darin, einen Zeitausgleich im selben Verhältnis (1:1,5) zu vereinbaren.

Dies ist ein großer Unterschied zum deutschen Arbeitsrecht, wo es keine gesetzliche Regelung zur Überstundenvergütung gibt (siehe oben). In der Praxis allerdings wird dieser Sachverhalt in beiden Ländern meist kollektivvertraglich geregelt.

2.3.2 Treuepflicht

Die Treuepflicht ist neben der Arbeitspflicht die zweite Hauptpflicht des Arbeitnehmers.[57] Im Wesentlichen handelt es sich hierbei um Interessenwahrungspflichten, die nicht einheitlich geregelt, aber

---

[54] Vgl Jabornegg/ Resch/ Strasser, Arbeitsrecht (2003), Rn 193
[55] Vgl Jabornegg/ Resch/ Strasser, Arbeitsrecht (2003), Rn 226
[56] Vgl Reissner, Das neue Lern- und Übungsbuch Arbeitsrecht (2003), 191
[57] Vgl Jabornegg/ Resch/ Strasser, Arbeitsrecht (2003), Rn 251

aus dem Arbeitsverhältnis logisch ableitbar sind.[58] Die Bedeutung der Treuepflicht wird augenscheinlich, wenn ein Verstoß dagegen sogar die Entlassung von geschützten Arbeitnehmern wie bspw. Betriebsräte und werdende Mütter zur Folge hat.[59]

Sie hat auch mehr Gewicht als in Deutschland, da die Literatur zum deutschen Arbeitsrecht die Treuepflicht in Deutschland als Nebenpflicht sieht und als Konsequenz bei einem Verstoß dagegen nicht von einer Entlassung (in Deutschland als außerordentliche Kündigung bezeichnet), sondern von einer Kündigung und evtl. Schadenersatzansprüchen ausgegangen wird.

Im Einzelnen gibt es folgende Treuepflichten, die sich voneinander unterscheiden:

- Beistandspflicht
- Anzeigepflicht
- Verschwiegenheitspflicht
- Geschenkannahmeverbot
- Verbot abträglichen Privatlebens
- Verbot anderweitiger Betätigung

Während die Beistands- und die Anzeigepflicht Handlungspflichten darstellen, sind die übrigen Unterlassungspflichten. Der Arbeitnehmer ist den Treuepflichten nach angehalten, in betrieblichen Notlagen Arbeitsleistungen zu erbringen, die über das vertraglich Geschuldete hinausgehen. Er muss dem Arbeitgeber drohende Gefahren und Missstände im Arbeitsbereich anzeigen, und Geschäfts- oder Betriebsgeheimnisse für sich behalten. Ein Verstoß gegen letztere Pflicht kann gem. §82 lit. e GewO auch zur Entlassung führen, und ist sogar strafrechtlich relevant.[60]

2.3.3 Wettbewerbsverbot/ Konkurrenzverbot/ Konkurrenzklausel

Bei aufrechtem Dienstverhältnis ist es in Österreich gem. §7 AngG dem Angestellten bei Kaufleuten untersagt, ohne Bewilligung des Dienstgebers ein selbstständiges kaufmännisches Unternehmen

---

[58] Vgl Reissner, Das neue Lern- und Übungsbuch Arbeitsrecht (2003), 291
[59] Vgl Stärker, Arbeits- und Sozialrecht für die Praxis (2003), Rn 208
[60] Vgl §§123 ff StGB bzgl. Betriebsspionage

zu betreiben, oder im Geschäftszweig des Dienstgebers Handelsgeschäfte für eigene oder fremde Rechnung zu tätigen. Diese Regelung ist gleich mit der in Deutschland.

Im Gegensatz zum deutschen Arbeitsrecht sieht der Gesetzgeber aber keine Entschädigung, die vom Dienstgeber für die Dauer des nachvertraglichen Wettbewerbsverbotes (Konkurrenzklausel) zu zahlen ist, vor. Wie bereits oben erwähnt, muss der Arbeitgeber dem Arbeitnehmer in Deutschland gem. §74 Abs.2 HGB eine Entschädigung zahlen, die für jedes Jahr des Verbots eine Entschädigung von mindestens der Hälfte der zuletzt bezogenen vertragsmäßigen Leistungen beträgt. §110 GewO erweitert die Anwendbarkeit des Gesetzes auch auf Berufe die nicht dem Handelsrecht unterliegen.

Der österreichische Gesetzgeber schränkt die Anwendbarkeit der Konkurrenzklausel mit dem §36 AngG insofern ein, als er den Adressaten genauer bestimmt (Konkurrenzklauseln dürfen bspw. nicht mit minderjährigen vereinbart werden), und auch das Tätigkeitsfeld einengt. Diese Bestimmungen gelten auch in Deutschland, daher ist es in beiden Ländern für den Dienstgeber empfehlenswert, in die Konkurrenzklausel nur enge Konkurrenzunternehmen und nicht eine gesamte Branche einzubeziehen, da anderenfalls die Billigkeitsabwägung wohl zu Gunsten des Arbeitnehmers ausfallen würde. Die Konkurrenzklausel kommt in Österreich gem. §37 AngG auch bei einer Dienstgeberkündigung zur Anwendung, allerdings nur dann, wenn der Angestellte durch sein schuldhaftes Verhalten hierzu begründeten Anlass gegeben hat oder der Dienstgeber für die Dauer des nachvertraglichen Konkurrenzverbotes dem Dienstnehmer das zuletzt zugekommene Entgelt weiter zahlt.[61] Bei einer ungerechtfertigten Entlassung kann der Arbeitgeber die Konkurrenzklausel auch nicht bei Zahlung der Karenzabgeltung aufrechterhalten.[62] Seit dem 17. März 2006 gilt, dass die Konkurrenzklausel nur dann gilt, wenn der Arbeitnehmer ein bestimmtes Gehalt verdient.[63] Der Sinn dieser Regelung wird darin liegen, Wenigverdiener nicht zusätzlich zu belasten. Die Verdienstgrenze liegt gem. §2c Abs.2 AVRAG bei dem Siebzehnfachen der Höchstbeitragsgrundlage nach § 45 des Allgemeinen Sozialversicherungsgesetzes (ASVG).

[61] Vgl Stärker, Arbeits- und Sozialrecht für die Praxis (2003), Rn 759
[62] Vgl Reissner, Das neue Lern- und Übungsbuch Arbeitsrecht (2003), 313
[63] BGBl. I Nr. 36/2006

2.3.4 Sanktionen bei Pflichtverletzung

Eine zwangsweise Durchsetzung der Arbeitspflicht ist nach h.
A ebenso wie in Deutschland nicht möglich.[64] Bei Nichtleistung der
Arbeitspflicht hat der Arbeitgeber in Deutschland auf der Grundlage von §61 Abs.2 ArbGG aber die Möglichkeit, auch ohne einen konkreten Schadensnachweis einen pauschalierten Geldbetrag als Entschädigung vom Arbeitnehmer einzuklagen. In Österreich ist die
Verweigerung der Arbeitspflicht wie in Deutschland ein Grund zur
Entlassung bzw. außerordentlichen Kündigung. Damit der österreichische Arbeitgeber allerdings ein Anrecht auf Schadenersatzansprüche gegen den Arbeitnehmer hat, bedarf es eines Schadens.[65]

Entsteht dem Arbeitgeber durch den Arbeitnehmer ein Schaden, so haftet dieser - ebenso wie in Deutschland - je nach Schwere
der Fahrlässigkeit.

2.4 Die Pflichten des Arbeitgebers

2.4.1 Entgeltpflicht

Als Entgelt werden alle Leistungen bezeichnet, die der Arbeitnehmer vom Arbeitgeber für die Zurverfügungstellung seiner Ar-
beitskraft erhält. Der Aufwandersatz wie bspw. Fahrtkostenersatz
oder Tagesdiäten, gehören nicht zum Entgelt, sondern soll lediglich
die wirtschaftliche Belastung des Arbeitnehmers mildern.[66]

Auch in Österreich gilt, dass das Gehalt nicht unter der kollektivvertraglich geregelten Mindestgrenze liegen darf. Wie bereits
oben erwähnt gibt es im österreichischen Arbeitsrecht, im Gegensatz

---

[64] Vgl Jabornegg/ Resch/ Strasser, Arbeitsrecht (2003), Rn 292
[65] Zeitler, wer soll das bezahlen?, http://www.gast.at/ireds-7953-printurl-3560.html
(28.3.2006)
[66] Vgl Stärker, Arbeits- und Sozialrecht für die Praxis (2003), Rn 219

zum deutschen, einen gesetzlichen Anspruch auf einen Überstundenzuschlag von 50% des vereinbarten Stundenlohns, bei schwankenden Bezügen ist die Bemessungsgrundlage der Durchschnitt der letzten 13 Wochen.[67] In Deutschland ist der Arbeitgeber ohne besondere Regelung im Tarifvertrag oder im Arbeitsvertrag ist nicht verpflichtet, einen Zuschlag für geleistete Überstunden zu zahlen.

2.4.2 Beschäftigungspflicht

Die Beschäftigungspflicht hat in Österreich eine geringere Bedeutung als in Deutschland, wo in der Literatur auf die Abnahmepflicht des Arbeitgebers gem. §§433 Abs.2, 640BGB verwiesen wird. Gem. §1155 ABGB gebührt dem Arbeitnehmer auch dann das Entgelt, wenn ihm der Arbeitgeber keine Tätigkeit zuweist. Ein Recht auf Beschäftigung haben allerdings vor allem jene Arbeitnehmer, die für ihre Karriere ein besonderes Interesse an einer tatsächlichen Verwendung haben, wie z. B. Profifußballspieler. Besondere Bestimmungen ergeben sich auch für Schauspieler aus dem SchSpG, und für Lehrlinge aus dem BAG, wonach sich der Lehrberechtigte verpflichtet, den Lehrling auszubilden, und ihn unter Bedachtnahme der Ausbildungsvorschriften des Lehrberufes selbst zu unterweisen, oder durch geeignete Personen unterweisen zu lassen.[68]

2.4.3 Fürsorgepflicht

Wie in Deutschland ist auch in Österreich der wichtigste Ausfluss der Fürsorgepflicht das Arbeitnehmerschutzrecht.[69] §1157 ABGB schreibt vor, dass der Dienstgeber die Dienstleistungen so zu regeln hat, dass das Leben und die Gesundheit der Dienstnehmer, soweit es nach der Natur der Dienstleistung geht, geschützt sind. Der Arbeitgeber muss ebenso das Eigentum seiner Angestellten schützen, und ihnen gem. §27 Abs.4 ASchG versperrbare Einrichtungen zur Aufbewahrung von Privatkleidung und sonstigen Gegenständen zur Verfügung stellen. Auch die

---

[67] Vgl Jabornegg/ Resch/ Strasser, Arbeitsrecht (2003), Rn 239
[68] Vgl Stärker, Arbeits- und Sozialrecht für die Praxis (2003), Rn 204
[69] Vgl Stärker, Arbeits- und Sozialrecht für die Praxis (2003), Rn 232

Datenschutzbestimmungen erfahren immer größere Bedeutung im österreichischen Arbeitsrecht.

Verletzt der Arbeitgeber seine Pflichten, kann der Arbeitnehmer a) auf Erfüllung klagen; b) seine Arbeitsleistung so lange zurückhalten, bis der Arbeitgeber seine Pflichten wieder erfüllt oder c) Schadenersatz bspw. dann bekommen, wenn sich der Arbeitsgeber gem. §278 BGB das schuldhafte Verhalten eines Arbeitskollegen zurechnen lassen muss[70]. Die Hauptschwierigkeit liegt aber in den betrieblichen Machtverhältnissen, womit diese Möglichkeiten in ihrer praktischen Anwendbarkeit nach Däubler nicht hoch einzuschätzen sein werden.

---

[70] Vgl Däubler, Arbeitsrecht Ratgeber für Beruf, Praxis und Studium (2002), 165

3. Signifikante Unterschiede zwischen Österreich und Deutschland

3.1 Kündigungsrechtliche Unterschiede

3.1.1 Geltungsbereich des Kündigungsschutzes

Kündigungsschutz besteht sowohl in Österreich als auch in Deutschland für wirtschaftlich abhängige und weisungsgebundene Arbeitnehmer, wobei in Deutschland der persönlichen Abhängigkeit eine größere Bedeutung zukommt.[71]

Diese Definition schließt u. a. Selbstständige, sowie leitende Angestellte aus, da die persönliche Abhängigkeit nicht mehr in dem nötigen Ausmaß vorhanden ist.

Der Arbeitnehmerbegriff ist in Deutschland, im Gegensatz zu Österreich, nicht legal definiert. Der Lehre und der Rechtssprechung kommt hier eine bedeutendere Rolle zu. Der österreichische Gesetzgeber hat für den Bereich der Betriebsverfassung, und damit auch für den dort geregelten Kündigungsschutz gem. §36 Abs.2 ArbVG normiert, dass als Arbeitnehmer u. a. nicht gelten:

- Leitende Angestellte, die einen maßgebenden Einfluss auf die Betriebsführung haben

- Personen, die vorwiegend zu ihrer Erziehung, Behandlung, Heilung oder Wiedereingliederung beschäftigt werden, sofern sie nicht auf Grund eines Arbeitsvertrages beschäftigt sind

- Personen, die zu Schulungs- und Ausbildungszwecken kurzfristig beschäftigt werden, wobei die Beschäftigung von vornherein als kurzfristiges Arbeitsverhältnis definiert wurde, und der/ die Beschäftigte nicht zum Zweck der Arbeitsverrichtung, sondern ausschließlich für Ausbildungszwecke beschäftigt ist.[72]

Der Gesetzgeber stellt in seiner Negativdefinition des Arbeitnehmers also nicht nur auf die persönliche und wirtschaftliche Abhängigkeit, sondern auch auf die Betriebseingliederung ab.

---

[71] Vgl Backmeister, Trittin, Mayer³, Kündigungsschutzgesetz, (2004) §611BGB, Rn 5
[72] Vgl Jabornegg/ Resch/ Strasser, Kommentar zum ArbVG §36, (2003), Rn 23

Strasser sieht als Motiv für diese Überlegung, dass „diese Personen auf Grund der für ihre Beschäftigung [...] maßgebenden Motive mit den übrigen Beschäftigten des Betriebs keine, oder doch nur eine sehr geringe Interessengemeinschaft verbindet".[73]

Für den deutschen Gesetzgeber spielt diese Gemeinschaft keine Bedeutung, da das Kündigungsrecht jedem einzelnen Arbeitnehmer ja persönlich zusteht und die Arbeitnehmervertretung eine eher unbedeutende Rolle spielt (siehe dazu unten Rolle des Betriebsrates).

In Österreich muss für eine Kündigungsanfechtung eine rechtsgültige Kündigung vorliegen. Ist die Kündigung des AG schon nach vertragsrechtlichen Grundsätzen rechtsunwirksam, kommt §105 ArbVG nicht mehr in Betracht. In diesem Fall muss der AN auf Feststellung des Aufrechtbestehens des Arbeitsverhältnisses klagen.

Dieser Unterschied ist für deutsche AN irrelevant, da eine Kündigung hier nur mittels Feststellungsklage im Sinne des §256 ZPO bekämpft werden kann.

Eine rechtsungültige Kündigung ist jeweils eine Kündigung, die gegen Gesetze oder gute Sitten verstößt.[74,75] Die Sittenwidrigkeitsgründe müssen nach österreichischem Recht über die Gründe des §105 Abs.3 Z1 ArbVG hinausgehen, wenn die Kündigung ex lege als nichtig bezeichnet werden soll. In der Praxis kommt es kaum vor, dass eine Kündigung wegen sonstiger Sittenwidrigkeitsgründe für nichtig erklärt wird. Ansonsten kommt eine Anfechtung aufgrund der Sozialwidrigkeit gem. §105 ArbVG in Betracht.

In Deutschland sind solche Gründe unbekannt und in der Praxis wird auch kaum wegen Sittenwidrigkeit auf Aufrechtbestehen des Arbeitsverhältnisses geklagt.[76](siehe dazu unten zur Sittenwidrigen Kündigung).

In beiden Ländern ist die Kündigung bedingungsfeindlich, d.h. dass an Kündigungen keine weiteren Bedingungen geknüpft werden dürfen.[77]

In Deutschland setzt das KSchG seit dem 1.1.2004 voraus, dass im Betrieb regelmäßig mehr als 10 Arbeitnehmer beschäftigt werden

[73] Vgl Jabornegg/ Resch/ Strasser, Kommentar zum ArbVG §36, (2003), Rn 23
[74] Vgl Marschollek, Arbeitsrecht, 176
[75] Vgl Jabornegg/ Strasser, Kommentar zum ArbVG §105³ ,(1998), E15
[76] Vgl Backmeister/ Trittin/ Mayer, Kündigungsschutzgesetz, §13KSchG Rn 13
[77] BAG, Urt. v. 15. 3. 2001 - 2 AZR 705/ 99

müssen. Diese Gesetzesnovelle wurde im Zuge der Agenda 2010 verabschiedet, um kleineren Unternehmen mehr Spielraum für unternehmerische Entscheidungen zu geben. Dieser Änderung ging eine heftige Kontroverse voraus, weil nun eine objektive Ungleichbehandlung zwischen Arbeitnehmern, die in einem Kleinbetrieb, und Arbeitnehmern, die in einem größeren Betrieb arbeiten gegeben ist. Das BVerfG hat allerdings anerkannt, dass der Gesetzgeber gute Gründe hatte, den Arbeitgeber freiere Hand bei der Ausübung seiner Kündigungsrechte einzuräumen, da ein Kleinbetrieb mit einer geringeren Finanzausstattung und Verwaltungskapazität gegenüber größeren Unternehmen im Nachteil sei.[78]

Bis zum 31.12.2003 galt eine Grenze von mehr als 5 Arbeitnehmern. Für jene Altarbeitnehmer, die sich schon damals im Betrieb befanden, gilt diese Grenze auch heute noch, solange sich im Betrieb mehr als 5 Altarbeitnehmer befinden. In einem Betrieb mit 3 Altarbeitnehmern und 7 neu eingestellten Dienstnehmern gilt das KSchG also nicht.

Zu beachten ist jedoch, dass es auch außerhalb des Geltungsbereiches des KSchG Möglichkeiten für den Arbeitnehmer gibt, sich gegen die Kündigung zur Wehr zu setzen. Verstößt die Kündigung gegen gesetzliche Verbote i. S. d. §134 BGB oder gegen die zivilrechtlichen Generalklauseln der §§ 138, 242 BGB (Sitten- bzw. - Treuewidrigkeit), so ist sie immer ungültig. Andere sehen eine sittenwidrige Kündigung nur dann als solche an, wenn sie „krass sozialwidrig" ist und dem „Anstandsgefühl aller billig und gerecht Denkenden" widerspricht.[79] (siehe dazu unten Sittenwidrige Kündigung)

In Österreich gibt es nur in nicht betriebsratspflichtigen Unternehmen keinen allgemeinen Kündigungsschutz.[80] Nicht betriebsratspflichtige Betriebe sind gem. §40 ArbVG Betriebe mit weniger als 5 Dienstnehmern. In Österreich haben ältere Arbeitnehmer nach dem ArbeitsrechtsänderungsG des Jahres 2000 auch in solchen Kleinstbetrieben mit weniger als 5 Mitarbeitern die Möglichkeit, die Kündigung wegen Sozialwidrigkeit anzufechten. Dieses Gesetz gilt nur vorübergehend für Arbeitnehmer der Jahrgänge 1935 bis 1942

---

[78] Vgl Backmeister/ Trittin/ Mayer, Kündigungsschutzgesetz, §623KSchG, Rn 4
[79] Vgl Backmeister/ Trittin/ Mayer, Kündigungsschutzgesetz, §13 KSchG, Rn 13
[80] Vgl Stärker, Arbeits- und Sozialrecht für die Praxis, (2003), 222

sowie für Arbeitnehmerinnen der Jahrgänge 1940 bis 1947,[81] und wird in Zukunft keine Bedeutung mehr haben.

Formale Unwirksamkeitsgründe der Kündigung sind in Deutschland die **Nichteinhaltung der Schriftform der Kündigung**.

§ 623 BGB sieht vor, dass die Schriftform unabdingbar ist, d.h. in Tarifverträgen, Betriebsvereinbarungen oder Arbeitsverträgen können zum Schutz des Arbeitnehmers, strengere, nicht aber lockerere Maßstäbe zur Formeinhaltung vereinbart werden. Darüber hinaus wird die eigenhändige Unterschrift des Ausstellers oder ein notariell beglaubigtes Handzeichen vom Gesetzgeber verlangt.

In der Praxis ist auch ein Kündigungsschreiben das über Fax an den Arbeitnehmer geschickt wurde als nichtig erklärt worden.[82] Auch andere elektronische Übermittlungsarten wie e-mail oder SMS tun dem Schrifterfordernis nicht Genüge. Der Normzweck des Schrifterfordernisses dient der Rechtssicherheit. Sie entlastet die Arbeitsgerichte, und die Beweiserhebung im Verfahren. Darüber hinaus schützt die Schriftform vor Übereilung beider Vertragsparteien.[83]

Dieses Erfordernis ist ein sehr bedeutender Unterschied zum österreichischen Recht, das keine Schriftform der Kündigung vorsieht. Zur Beweissicherung der Kündigung in Österreich empfiehlt es sich, eine Kündigung vor Zeugen abzugeben oder, wie in Deutschland, die Kündigung schriftlich zu übermitteln, wobei auch elektronische Medien zum Einsatz kommen dürfen. Es muss jedoch darauf geachtet werden, ob im Kollektiv- oder Arbeitsvertrag nicht die Schriftform der Kündigung vereinbart wurde.

Der österreichische Gesetzgeber beschränkt den Arbeitgeber, zumindest in der Theorie, auch insofern, als dass er die Kündigung zur Unzeit gem. §§830, 1212 ABGB verbietet.

In Deutschland ist die Unzeit nur insoweit ein Kriterium, das der gekündigte Arbeitnehmer im Zuge der Feststellungsklage sich hierauf berufen kann, um die Kündigung wegen Sozialwidrigkeit zu verhindern. Der Arbeitgeber darf aber generell zu jeder Zeit kündigen. Das BAG erkannte in seinem Urteil vom 4.5.2001, dass die

---

81 §15 Abs.3 AVRAG
82 BGH, Urt. v. 28.1.1993 NJW 1993, 1126
83 Vgl Backmeister/ Trittin/ Mayer, Kündigungsschutzgesetz, §623BGB, Rn 1

Kündigung nicht generell wegen Unzeit als treu- oder sittenwidrig angesehen werden kann.

In diesem Urteil erfuhr die Arbeitnehmerin im September des Jahres 1998, dass ihr Lebensgefährte unheilbar an Krebs erkrankt war. Aufgrund der daraus folgenden seelischen Belastung war sie in der Zeit vom 5. bis 31. Oktober 1998 arbeitsunfähig krank. Der Lebensgefährte der Klägerin verstarb am 20. Oktober 1998. Mit Schreiben vom 27. Oktober wurde das Arbeitsverhältnis aus betrieblichen Gründen gekündigt. Die Klage der Arbeitnehmerin wurde u. a. mit der Begründung: „Einen Sonder-Kündigungsschutz wegen des Todes eines nahen Angehörigen, des Ehegatten oder Lebensgefährten kennt das Gesetz nicht", abgewiesen.

Mittlerweile ist die Unzeit auch in Österreich eher totes Recht, dennoch verbietet der Gesetzgeber wenigstens theoretisch solche Kündigungen.

In beiden Ländern gilt die Kündigung als einseitiges, empfangsbedürftiges Rechtsgeschäft, d.h. für die rechtsgestaltende Wirkung der Kündigung bedarf es keiner Zustimmung des Erklärungsgegners.[84] [85] Es genügt, dass die Kündigung in den Einflussbereich des Kündigungsgegners gelangt. Das ist regelmäßig dann der Fall, wenn die Kündigung persönlich oder durch einen Boten zugestellt wurde. Unter Abwesenden ist die Kündigung dem Arbeitnehmer dann zugegangen, wenn sie so in seinen Machtbereich gelangte, sodass er von ihr Kenntnis nehmen konnte. Eine persönliche Entgegennahme ist nicht notwendig. Zugegangen ist eine Kündigung auch dann, wenn eine Zugangsvereitelung vorliegt.[86] Darunter versteht man, dass der Arbeitnehmer, der seine bevorstehende Kündigung bereits ahnt, bspw. die Weisung ins Personalbüro zu kommen nicht befolgt, oder den Hauspostkasten nicht entleert. Der OGH erkannte in seinem Urteil vom 16.6.1999, dass „der Arbeitnehmer nicht durch ein den üblichen Gepflogenheiten widersprechendes Verhalten den Zugang einer Kündigung verhindern" darf. [87]

Ist es dem Arbeitnehmer nicht erheblich vorwerfbar, dass ihm die Kündigung nicht persönlich zugegangen ist, liegt wahrschein-

---

84 Vgl Stärker, Arbeits- und Sozialrecht für die Praxis, (2003), 216
85 Vgl Backmeister/ Trittin/ Mayer, Kündigungsschutzgesetz, §1KSchG, Rn 53
86 Vgl Reissner, Das neue Lern- und Übungsbuch Arbeitsrecht, 40
87 WKW, Arbeitsrecht http://www.wkw.at/docextern/recht/arbeitsrechtliche-kurzentscheidungen.htm; (8.3.2006)

lich keine Zugangsfiktion vor, da der Arbeitnehmer grds. nicht verpflichtet ist bspw. seine Urlaubsadresse mitzuteilen, oder ein briefliches Schreiben anzunehmen.

Die Kündigung entfaltet ihre Wirksamkeit immer erst mit dem Zugang.[88] In Fällen in denen das Kündigungsschreiben an Dritte ausgehändigt wurde, haben die Gerichte in Deutschland entschieden, dass die Kündigung dann als zugegangen angesehen werden kann, wenn sie an eine im Haushalt des Kündigungsempfängers lebende, erwachsene Person, oder einen erwachsenen Familienangehörigen handelt.[89] So sind die Ehefrau oder Mutter des Arbeitnehmers empfangsberechtigt, nicht aber der elfjährige Bruder, oder der Rechtsanwalt des zu kündigenden Arbeitnehmers. Bedeutsam ist der Kündigungszugang in der Praxis, da mit diesem Zeitpunkt die Fristen für die Kündigungsanfechtung bzw. Feststellungsklage zu laufen beginnen.

In Deutschland kann die Klagefrist von 3 Wochen gem. §5KSchG ausnahmsweise verlängert werden, wenn der Arbeitnehmer alle ihm zumutbare Sorgfalt angewandt hat, und dennoch die Klage nicht in der Frist einreichen konnte.[90] Erkrankt der Arbeitnehmer z. B. im Urlaub für längere Zeit, und kehrt erst nach dem Ablauf der Kündigungsfrist zu seiner Wohnung zurück, darf er innerhalb von 2 Wochen „nach Behebung des Hindernisses" (i. d. F. die Krankheit), gegen die Kündigung eine Feststellungsklage einreichen, wobei er glaubhaft begründen muss, warum es ihm nicht möglich war, innerhalb der dreiwöchigen Frist das Rechtsmittel zu ergreifen.

In Österreich hat der Arbeitnehmer (er selbst, oder der für ihn zuständige Betriebsrat, siehe dazu unten die Rolle des Betriebsrates) bis zu zwei Wochen nach dem Zugang der Kündigung Zeit diese anzufechten, wobei es sich nach neuerer Rechtssprechung des OGH nicht mehr um eine materiellrechtliche, sondern eine prozessuale Frist handelt.[91] Das bedeutet, dass eine Wiedereinsetzung der Frist in den vorigen Stand zugelassen wird, wenn bspw. der Arbeitnehmer nach der Zustellung der Kündigung schwer erkrankt ist, diese Erkrankung zur Fristversäumnis führte, und auch kein Vertreter be-

---

88 § 130 Abs.1 BGB
89 Vgl Backmeister/ Trittin/ Mayer, Kündigungsschutzgesetz, §4KSchG, Rn 27
90 §5KSchG
91 Vgl Jabornegg/ Strasser, Kommentar zum ArbVG § 105ArbVG, Rn 93

stellt werden konnte. Auch die Prozesshandlung muss durch die Erkrankung unmöglich sein.[92]

Die zwei Wochen Kündigungsfrist berechnen sich aus der einwöchigen Frist, die dem Betriebsrat zusteht um die Kündigung bei Gericht anzufechten und der einwöchigen Frist die dem Arbeitnehmer zugestanden wird, wenn der Betriebsrat innerhalb dieser Woche dem Verlangen des Arbeitnehmers die Kündigung anzufechten, nicht nachkommt. §105 Abs.4 sieht weiter vor, dass der Arbeitnehmer 14 Tage Zeit hat, die Kündigung anzufechten, wenn der Betriebsrat die Anfechtungsklage ohne Zustimmung des gekündigten Arbeitnehmers zurücknimmt. Diese 14-tägige Frist beginnt ab dem Zeitpunkt, ab dem der Arbeitnehmer vom Gericht hiervon verständigt wird.

3.1.2 Bedeutung des Betriebsrates

Sowohl in Österreich als auch in Deutschland ist die Anhörung des Betriebsrates zwingend vorgeschrieben. Vorweg kann aber gesagt werden, dass dem Betriebsrat im österreichischen Arbeitsrecht eine weitaus größere Bedeutung zukommt, da er aktiv in den Rechtsstreit eintreten kann und seine Zustimmung bzw. Widerspruch den Ausgang der Kündigungsanfechtung stärker beeinflussen als in Deutschland.

In Österreich bestimmt §40 ArbVG, dass in jedem Betrieb, in dem dauernd mindestens fünf Arbeitnehmer beschäftigt werden, von der Arbeitnehmerschaft Organe, darunter der Betriebsrat, zu bilden sind.[93] In Betrieben, die diese Mindestanforderung nicht erfüllen, gibt es keinen Betriebsrat und keinen allgemeinen Kündigungsschutz. In betriebsratpflichtigen Betrieben, die über keine Arbeitnehmervertretung verfügen, kommt das Anfechtungsrecht direkt dem betroffenen Arbeitnehmer zu, der die Kündigung, innerhalb einer Woche nach Zugang, gerichtlich wegen Sitten- oder Sozialwidrigkeit anfechten kann. Ein Sozialvergleich ist jedoch nicht anzustellen, da für diesen der Betriebsrat der Kündigung ausdrücklich widersprechen muss.[94]

---

[92] Vgl Jabornegg/ Strasser, Kommentar zum ArbVG § 105ArbVG, E90
[93] Arbeitsverfassungsgesetz online,
http://www1.oegb.at/betriebsratswahl/arbvg/arbvg.htm (8.3.2006)
[94] §105ArbVG Abs.4

In Deutschland spielt ein Bestehen oder Nichtbestehen des Betriebsrates für die Anwendung des Kündigungsschutzes keine Rolle. Der Gesetzgeber orientiert sich vielmehr an der Anzahl der Arbeitnehmer im Betrieb (siehe dazu oben Geltungsbereich des Kündigungsschutzes). Dennoch muss der Betriebsrat auch dann angehört werden, wenn das KSchG nicht angewendet werden kann.[95]

Die Anhörungsfrist des Betriebsrates endet in Österreich nach fünf Arbeitstagen, in Deutschland generell nach 7 Tagen. In Österreich, wie auch in Deutschland, ist diese Frist aber abkürzbar. Hat der Betriebsrat bereits vor Ablauf der Frist eine Stellungnahme zur Kündigung abgegeben, kann der Arbeitgeber unmittelbar danach die Kündigung aussprechen.[96],[97]

Sowohl die Benachrichtigung an den Betriebsrat, als auch dessen Stellungnahme sind formfrei, es muss allerdings für den BR klar ersichtlich sein, um welchen Arbeitnehmer es sich handelt. Da es sehr oft vorkommt, dass sich der Arbeitnehmer auf eine nicht ordnungsgemäße Anhörung des Betriebsrates beruft, was gem. §13 Abs.3 KSchG die Nichtigkeit der Kündigung zur Folge hätte und der Arbeitgeber daraufhin die volle Beweislast für die ordnungsgemäße Anhörung desselben trägt, empfiehlt es sich für den Arbeitgeber, die Anhörung zu dokumentieren, um im Streitfall vor Gericht schlüssig ihre Richtigkeit dazulegen.

Problematisch für den Arbeitnehmer erscheint diese Lösung vor allem in der Praxis, da der Arbeitgeber vor allem im Zuge von Massenkündigungen oftmals mit dem Betriebsrat ein Übereinkommen treffen wird, um den Kündigungsschutz auszuhebeln. Besonders für den Arbeitnehmer in Österreich ist die Reaktion des Betriebsrates von immenser Bedeutung, da bspw. im Falle einer Zustimmung des BR, der Arbeitnehmer sich nicht mehr auf Sozialwidrigkeit berufen kann („Sperrrecht des Betriebsrates"). Widerspricht er der Kündigung allerdings, steht das Anfechtungsrecht auf Verlangen des Arbeitnehmers dem BR zu. In der Praxis wird der Arbeitnehmer jedoch häufig als Nebenintervenient auftreten, da er ansonsten keine Möglichkeiten hätte, das Verfahren fortzusetzen, wenn der BR kein Rechtsmittel ergreift.[98] Gibt der BR innerhalb der

---

[95] Vgl Backmeister/ Trittin/ Mayer, Kündigungsschutzgesetz, 102KSchG, Rn 1
[96] Vgl Backmeister/ Trittin/ Mayer, Kündigungsschutzgesetz, §102BetrVG, Rn 30
[97] Vgl Jabornegg/ Resch/ Strasser, Arbeitsrecht, (2003), Rn 659
[98] OGH 25.11.1998 9ObA311/98w

Frist keine Stellungnahme ab, ist kein Sozialvergleich durchzuführen und das Anfechtungsrecht kommt dem AN selbst zu.

Der österreichische Gesetzgeber sieht das Anfechtungsrecht also in erster Linie als Recht der Belegschaft, genauer als das Recht der Arbeitnehmervertretung. Es gibt keinen individuellen Anspruch auf Kündigungsschutz. Eine Ausnahme dieser Systematik traf der Gesetzgeber im Jahr 2000 mit dem ARÄG, das für ältere Arbeitnehmer eine Sonderkündigungsanfechtung bereithält (siehe dazu oben Geltungsbereich des Kündigungsschutzes).

In Deutschland ist der Kündigungsschutz individueller ausgelegt. Jedem Arbeitnehmer steht das Recht auf Feststellung der Unwirksamkeit der Kündigung vor Gericht immer höchstpersönlich zu, auch wenn der Betriebsrat der Kündigung zustimmt.

Der BR in Deutschland kann der Kündigung darüber hinaus auch nur aus bestimmten Gründen widersprechen, die der Gesetzgeber im Betriebsverfassungsgesetz (BetrVG) festgelegt hat. Der Betriebsrat kann der ordentlichen Kündigung gem. §102 Absatz 3 BetrVG widersprechen, wenn

- der Arbeitgeber bei der Auswahl des zu kündigenden Arbeitnehmers soziale Gesichtspunkte nicht oder nicht ausreichend berücksichtigt hat,

- die Kündigung gegen eine Auswahlrichtlinie nach §95 BetrVG verstößt,

- der zu kündigende Arbeitnehmer an einem anderen Arbeitsplatz im selben Betrieb oder in einem Betrieb des Unternehmens weiterbeschäftigt werden kann,

- die Weiterbeschäftigung des Arbeitnehmers nach zumutbaren Umschulungs- oder Fortbildungsmaßnahmen möglich ist oder

- eine Weiterbeschäftigung des Arbeitnehmers unter geänderten Vertragsbedingungen möglich ist und der Arbeitnehmer sein Einverständnis hiermit erklärt hat.

Widerspricht der BR aus oben genannten Gründen, hat dies zur Folge, dass der Arbeitgeber den Arbeitnehmer nach Ablauf der Kündigungsfrist bis zum rechtskräftigen Abschluss des Rechtsstreits zu unveränderten Bedingungen weiterbeschäftigen muss[99]. Der Wi-

---

99 Vgl Nasemann, Arbeitsplatzkündigung, 25

derspruch muss sich allerdings so konkret auf den Sachverhalt beziehen, dass der Verstoß des Arbeitgebers offensichtlich ist.[100] Nur unter engen Voraussetzungen kann der Arbeitgeber vom Arbeitsgericht davon entbunden werden, nämlich wenn gem. §102 Abs.5 BetrVG:

- die Klage des Arbeitnehmers keine hinreichende Aussicht auf Erfolg bietet oder mutwillig erscheint oder

- die Weiterbeschäftigung des Arbeitnehmers zu einer unzumutbaren wirtschaftlichen Belastung des Arbeitgebers führen würde oder

- der Widerspruch des Betriebsrats offensichtlich unbegründet war.

Für diese Gründe trägt der Arbeitgeber die Beweislast. Ob der Betriebsrat seinen Widerspruch in Schriftform verfassen muss, ist strittig, ein ausdrückliches Schriftformerfordernis gibt es allerdings nicht. Zu empfehlen ist dies immer, da es sonst regelmäßig zu Beweisschwierigkeiten kommen wird.[101]

Das BAG hat in seiner Entscheidung vom 19.12.1985 auch einen allgemeinen Weiterbeschäftigungsanspruch anerkannt. Allerdings muss es dem Arbeitsgericht in diesem Fall zweifelsfrei möglich sein festzustellen, dass die von dem Arbeitgeber ausgesprochene Kündigung unwirksam ist, und es im Urteilsverfahren zu keinem anderen Ergebnis kommen kann, als zur Unwirksamkeit der Kündigung.[102]

In Österreich ist das Arbeitsverhältnis mit dem Ablauf der Kündigungsfrist grundsätzlich beendet, auch dann, wenn der Betriebsrat der Kündigung widerspricht. Gibt das Gericht der Anfechtungsklage allerdings statt, ist die Kündigung rechtsunwirksam.[103] Das bedeutet, dass das Arbeitsverhältnis rückwirkend für aufrecht erklärt wird, und durch die Kündigung auch keine Unterbrechung erfahren hat, da diese rechtsunwirksam war.[104] Für den Arbeitgeber hat das zur Folge, dass er den entgangenen Lohn inkl. aller sonstigen Ansprüche wie anteiligem Urlaubs- oder Weihnachtsgeld nachzuzahlen hat.

---

[100] Vgl Backmeister/ Trittin/ Mayer, Kündigungsschutzgesetz, §102BetrVG, Rn 49
[101] Vgl Backmeister/ Trittin/ Mayer, Kündigungsschutzgesetz, §102BetrVG, Rn 48
[102] Vgl Backmeister/ Trittin/ Mayer, Kündigungsschutzgesetz, §102BetrVG, Rn 58
[103] §105 ArbVG Abs.7
[104] Vgl Jabornegg/ Strasser, Kommentar zum §105 ArbVG, Rn 113

Bei einem Widerspruch des Betriebsrates wird gem. §102 Abs.4 BetrVG dem Arbeitnehmer eine Abschrift der Stellungnahme des Betriebsrats zugeleitet, um den Arbeitnehmer in seiner Klage vor Gericht zu unterstützen, falls der Arbeitgeber dem Dienstnehmer weiterhin kündigen will.

Gibt der Betriebsrat **keine Stellungnahme** zu der bevorstehenden Kündigung ab, wird das in Österreich als „stiller Widerspruch" interpretiert. Für den Arbeitnehmer bedeutet das in diesem Fall, dass der Arbeitgeber nicht verpflichtet ist, bei einer Kündigung wegen betrieblichen Erfordernissen einen Sozialvergleich[105] durchzuführen, und dem Arbeitnehmer selbst das Anfechtungsrecht zukommt.

Äußert sich in Deutschland der Betriebsrat nicht innerhalb der einwöchigen Frist, gilt seine Zustimmung zur Kündigung als erteilt.[106] In diesem Fall gilt das Arbeitsverhältnis mit Ablauf der Kündigungsfrist als beendet, der Arbeitnehmer kann jedoch trotzdem vor Gericht gegen die Kündigung mittels Feststellungsklage vorgehen.

Das deutsche Arbeitsrecht schreibt im Gegensatz zum österreichischen keine Motive vor, nach denen die Kündigung sittenwidrig wäre.

Der österreichische Gesetzgeber listet die zur Anfechtung berechtigenden Motive in §105 Abs.3 Z.1 lit. a-j taxativ auf. Zum größten Teil dient dieser Bereich des Kündigungsschutzes dem Schutz der Ausübung des Koalitionsrechtes der Arbeitnehmer, wie z. B. Kündigung wegen des Beitritts zu Gewerkschaften, und ihrer Betätigung im Rahmen der gesetzlichen Betriebsverfassung (§105 Abs.3 Z.1 lit. c -f und j ArbVG). Auch andere Gründe wie die bevorstehende Einberufung des Arbeitnehmers werden als sittenwidrig anerkannt.

Der Arbeitnehmer kann sich immer auf diese Anfechtungsgründe berufen, auch wenn der Betriebsrat der Kündigung zugestimmt hat. Das Sperrecht des Betriebsrates für diesen Bereich wurde aufgehoben, da es sich in diesen Fällen um individuelle gegen den Arbeitnehmer persönlich gerichtete Maßregelungen handelt.[107] Alleine die Tatsache, dass auch hier ein Sperrrecht des Betriebsrates

---

[105] Siehe dazu unten Sozialvergleich
[106] §102Abs.2 BetrVG
[107] Vgl Jabornegg/ Resch/ Strasser, Arbeitsrecht, 2003, Rn 667

bestand zeigt, welche enorme Bedeutung der Betriebsrat hatte und auch noch immer hat. Problematisch bis unmöglich ist nun der Nachweis des Vorliegens eines dieser rechtswidrigen Kündigungs-motive. Nach dem Gesetz genügt daher im Prozess gem. §105 Abs.5 ArbVG die Glaubhaftmachung i. S. einer Abwägung der Wahr-scheinlichkeit ihres Vorliegens durch den Richter. Es ist also kein formelles Beweisverfahren vonnöten. Es genügt, wenn der Kläger darlegt, dass eine gewisse Wahrscheinlichkeit für das Vorliegen des behaupteten verpönten Motivs vorliegt.[108]

3.1.3 Sozialwidrigkeit der Kündigung

Im Gegensatz zur Motivkündigung geht es bei der sozialwidri-gen Kündigung nicht um subjektive, sondern um objektive, mit der Kündigung im Zusammenhang stehende Tatsachen.[109] Vorausset-zung für den Arbeitnehmer, die Kündigung wegen Sozialwidrigkeit rechtlich zu bekämpfen, ist die sechsmonatige Betriebszugehörig-keit. Diese Wartezeit bezieht sich jeweils auf einen ununterbroche-nen rechtlichen Bestand des Arbeitsverhältnisses.[110,111] Die Wartezeit beginnt mit dem ersten Arbeitstag, jedoch kommt es in Deutschland nicht auf den tatsächlichen Beginn des Arbeitsverhältnisses an, son-dern auf denjenigen Tag, der nach dem Arbeitsvertrag zwischen den Parteien als Beginn des Arbeitsverhältnisses determiniert wur-de, auch wenn der Arbeitnehmer durch Urlaub oder Annahmever-zug den Termin verzögert.[112] Im Gegensatz dazu beginnt die Warte-frist in Österreich dann nicht zu laufen, wenn der Arbeitnehmer die Arbeit durch Verschulden zu spät aufgenommen hatte.

Auf Sozialwidrigkeit kann sich der Arbeitnehmer in Österreich auch dann nicht berufen, wenn der Betriebsrat der Kündigung aus-drücklich zugestimmt hat. In Österreich ist die Kündigung gem. §105 Abs.3 Z.2 sozial ungerechtfertigt, wenn sie wesentliche Interes-sen des Arbeitnehmers beeinträchtigt, es sei denn der Betriebsinha-ber erbringt den Nachweis, dass die Kündigung

---

[108] Vgl Jabornegg/ Strasser, Kommentar zum §105 ArbVG, Rn 110
[109] Vgl Jabornegg/ Resch/ Strasser, Arbeitsrecht, 2003, Rn, 669
[110] Vgl Backmeister/ Trittin/ Mayer, Kündigungsschutzgesetz, §1KSchG, Rn, 36
[111] Vgl Strasser/ Jabornegg, Kommentar zum ArbVG §105 ArbVG Rn, 68
[112] Vgl Backmeister/ Trittin/ Mayer, Kündigungsschutzgesetz, §1KSchG, Rn 37

- durch Umstände, die in der Person des Arbeitnehmers ge-
  legen sind und die betrieblichen Interessen beeinträchtigt,
  oder

- durch betriebliche Erfordernisse, die einer Weiterbeschäftigung des Arbeitnehmers entgegenstehen

gerechtfertigt ist.

Im Prozess gegenübergestellt werden daher die vom Gekündigten behauptete Interessensbeeinträchtigung, und die vom Arbeitgeber angeführten Gründe für die ausgesprochene Kündigung. Je weniger gerechtfertigt die Kündigungsgründe vom betrieblichen Ge-
sichtspunkt her erscheinen, desto geringer werden die Anforderungen an die beeinträchtigten Interessen des Arbeitnehmers sein.

Der Arbeitgeber hat den Nachweis für eine gerechtfertigte Kündigung zu erbringen, d. h. bloße Glaubhaftmachung genügt nicht.[113]
Bei den wesentlichen Interessen des Arbeitnehmers handelt es sich
natürlich vor allem um soziale und wirtschaftliche Veränderungen,
mit denen sich der Gekündigte konfrontiert sieht. Erschwerend für
seine Situation können je nach Fall bestehende Sorgfaltpflichten, ge-
ringes Einkommen des Ehepartners, oder schlechte Chancen binnen
absehbarer Zeit einen vergleichbaren Arbeitsplatz zu finden, sein.
Somit ergibt sich daraus, dass je schwerer die Situation für den Arbeitnehmer ist, umso größer seine Möglichkeit ist, die Kündigung
mit Erfolg anzufechten.

In Deutschland ist die Kündigung gem. §1 Abs.2 S.1 sozial ungerechtfertigt, wenn sie

- nicht durch Gründe, die in der Person oder in dem
  Verhalten des Arbeitnehmers liegen, oder

- durch dringende betriebliche Erfordernisse, die der
  Weiterbeschäftigung des Arbeitnehmers entgegenstehen

bedingt ist.

Sie ist darüber hinaus sozial ungerechtfertigt, wenn gem. §1
Abs.2 Z.1 lit. b KSchG der Arbeitnehmer an einem anderen Arbeitsplatz in demselben Betrieb oder in einem anderen Betrieb des Unternehmens weiterbeschäftigt werden kann und der Betriebsrat aus
diesem Grund der Kündigung innerhalb der einwöchigen Frist (sie-

---

[113] Vgl Strasser/ Jabornegg, Kommentar zum §105 ArbVG Rn 74

he oben) schriftlich widersprochen hat. Letzteres ist gleichbedeutend mit dem in Österreich vorhandenen Sozialvergleich.

Auch wenn der deutsche Gesetzgeber für die Anwendung eines solchen Vergleichs die Schriftlichkeit des Widerspruchs des Betriebsrates vorsieht und somit von der grundsätzlichen Formfreiheit gem. §102BetrVG abweicht, ist der Widerspruch nicht konstitutiv für die Prüfung, ob eine solche Alternative vorliegt, da dem Betriebsrat andernfalls eine Sperrfunktion zukommen würde, „die mit der Grundkonzeption des individuellen Kündigungsschutzes des Arbeitnehmers nicht in Einklang stünde".[114] Diese Gründe sind also wie in Österreich im Rahmen einer Interessenabwägung sehr wohl mit zu berücksichtigen.

Unterschieden wird auch schon per Gesetz zwischen den personenbedingten und den verhaltensbedingten Kündigungsgründen. Diese Unterscheidung erscheint vorerst schwierig, trotzdem kommt ihr im deutschen Arbeitsrecht eine große Bedeutung zu. Bei beiden Kündigungsformen wird die Kündigung allerdings der gleichen Prüfung unterzogen. Voraussetzungen für eine gesetzeskonforme Kündigung sind demnach:

- die konkrete Beeinträchtigung des Arbeitsplatzes
- eine negative Prognose, die insbesondere bei der krankheitsbedingten Kündigung zur Anwendung kommt
- der Verhältnismäßigkeitsgrundsatz, der besagt, dass die Kündigung nur dann ausgesprochen werden kann, wenn alle milderen Mittel, wie eine Änderungskündigung oder Abmahnung, nicht in Frage kommen, bzw. bereits ausgeschöpft wurden
- die größeren Interessen des Arbeitgebers, was im Zuge einer Interessenabwägung festzustellen ist.

Verhaltensbedingte Kündigung/ Abmahnung

Im Falle einer verhaltensbedingten Kündigung hat das BAG in seiner Entscheidung vom 18.5.1994 festgestellt, dass der Arbeitgeber

---

[114] Vgl Backmeister/ Trittin/ Mayer, Kündigungsschutzgesetz, §1KSchG Rn 74

immer vor Ausspruch der Kündigung den Arbeitnehmer abzumahnen hat.[115]

Das geht auch schon aus dem Ultima-Ratio Prinzip hervor, welches die Kündigung eines Arbeitnehmers immer nur als letzte Mittel zulässt, nachdem alle zumutbaren Alternativen zur Entlassung überprüft wurden.[116] Der Arbeitgeber hat des Weiteren dem Arbeitnehmer Gelegenheit zu geben, das beanstandete Verhalten zu korrigieren und das Verhalten, das zur Störung im Betrieb führte, zu unterlassen. Von diesem Procedere kann der Arbeitgeber nur ausnahmsweise abgehen, nämlich dann, wenn er wegen der Schwere der Arbeitsvertragsverletzung darlegen kann, dass eine Abmahnung nicht zumutbar war.[117] Die Rspr. hat u. a. in diesen Fällen[118] entschieden, dass eine Abmahnung nicht nötig war:

- vorgetäuschte Arbeitsunfähigkeit, jedoch Arbeit bei einem anderen Arbeitgeber (BAG 26.8.1993 NZA 1994,63)

- Androhung künftiger Erkrankung (BAG 5.11.1992 NZA 1993, 308)

- Beleidigung: Judenwitz (BAG 5.11.1992 AuR 1993, 124); Handgreiflichkeiten gegenüber Vorgesetzten und Kollegen (BAG 12.7.1984 NZA 1985, 96)

Eine rechtsgültige Abmahnung kann auch von Personen ausgesprochen werden, die nicht kündigungsberechtigt, aber nach ihrer betrieblich hierarchischen Stellung befugt sind, Anweisungen nach Ort, Zeit sowie Art und Weise der zu verrichtenden Tätigkeit zu erteilen.[119]

Die Abmahnung verbraucht ihre Warnfunktion, wenn der Arbeitnehmer bereits mehrfach ohne kündigungsrechtliche Konsequenzen verwarnt wurde.

Es gibt keine Formerfordernis an die Abmahnung,[120] und es entsteht keine Anhörungspflicht des Betriebsrates,[121] allerdings entfaltet sie ihre Wirkung nicht erst mit Zugang der Erklärung,

---

[115] BAG, Urt. v. 18.5.1994 NZA 1995,65

[116] Vgl Marschollek, Arbeitsrecht, 188

[117] Vgl Backmeister/ Trittin/ Mayer, Kündigungsschutzgesetz, §1KSchG Rn 209

[118] Backmeister/ Trittin/ Mayer, Kündigungsschutzgesetz §1KSchG Rn 210

[119] Vgl Marschollek, Arbeitsrecht, 190

[120] Vgl Backmeister/ Trittin/ Mayer, Kündigungsschutzgesetz, §1KSchG Rn 205

[121] Vgl Glöge/ Preis/ Dietrich/ Hanau/ Schaup, Erfurter Kommentar zum Arbeitsrecht, (2000), §1KSchG Rn 131

sondern mit der tatsächlichen Kenntnis, was insbesondere im Umgang mit Arbeitnehmern schwierig sein kann, die der deutschen Sprache nicht mächtig sind.[122] Letztere können sich aber nicht immer auf fehlende Kenntnis berufen. Insbesondere bei schriftlich ausgehändigten Abmahnungen muss sich der Arbeitnehmer bei Bedarf um die Übersetzung kümmern.[123]

Wurde der Arbeitnehmer bereits verwarnt und unterlässt er sein schädliches Verhalten dennoch nicht, ist trotzdem nach dem Grundsatz der Verhältnismäßigkeit zu prüfen ob nicht eine anderweitige Beschäftigungsmöglichkeit für den Arbeitnehmer im Betrieb oder Unternehmen gegeben ist. Dies kommt nur dann in Betracht, wenn es einen freien Arbeitsplatz gibt, an dem der Arbeitnehmer weiter beschäftigt werden kann, ohne dass weitere Störungen zu erwarten sind. Bei erheblich vorwerfbaren Verletzungen allerdings liegt die Befürchtung nahe, dass sich das Fehlverhalten des Arbeitnehmers auch auf diesem Arbeitsplatz nicht merklich ändern wird.

Backmeister, Trittin und Mayer sehen daher nur für Arbeitnehmer, die aufgrund einer fehlerhaften Arbeit gekündigt werden sollten, eine Möglichkeit, gem. §2 KSchG versetzt anstatt gekündigt zu werden, „wenn der freie Arbeitsplatz den Anforderungen des Arbeitnehmers entspricht".

Im Gegensatz hierzu verlangt der österreichische Gesetzgeber ex lege keine Abmahnung des Arbeitgebers. Allerdings wird im Zuge der Interessenabwägung dieser Aspekt dann später sehr wohl berücksichtigt werden.

Eine personenbedingte Kündigung wird dann ausgesprochen, wenn der Arbeitnehmer aufgrund seiner persönlichen Fähigkeiten und Eigenschaften nicht mehr in der Lage ist, künftig seine Verpflichtungen aus dem Arbeitsvertrag zu erfüllen.[124]

Dem Arbeitnehmer kommt hier im Gegensatz zur verhaltensbedingten Kündigung, bei der ja, wie bereits oben erwähnt, eine Abmahnung vonnöten ist, kein Verschulden zu.[125] Eine weitere Abgrenzung zur verhaltensbedingten Kündigung ist die fehlende Steuerbarkeit des vertragswidrigen Verhaltens, und die Tatsache, dass

---

[122] Vgl Marschollek, Arbeitsrecht, 191
[123] Vgl BAG NZA 1986,289
[124] Vgl Backmeister/ Trittin/ Mayer, Kündigungsschutzgesetz, §1KSchG Rn 109
[125] Vgl Glöge/Preis/ Dieterich/ Hanau/ Schaup, Erfurter Kommentar zum Arbeitsrecht, §1KSchG Rn 170

für den Ausspruch der personenbedingten Kündigung keine Abmahnung erforderlich ist.

Die betrieblichen Interessen müssen hier noch stärker nachteilig berührt werden, da sich der Arbeitnehmer ja nicht absichtlich arbeitsvertragswidrig verhält. Ebenfalls wird bei der Interessenabwägung berücksichtigt werden, ob dem Arbeitgeber diese Kündigungsgründe bereits vor Beginn des Arbeitsverhältnisses bewusst waren oder nicht.[126]

Ebenso wie bei der verhaltensbedingten Kündigung muss einem milderen Mittel der Vorrang gegenüber der Kündigung gewährt werden. Ist es bspw. möglich den Arbeitnehmer, der wegen eines körperlichen Gebrechens nicht mehr in der Lage ist seine vertragsrechtlich geschuldete Leistung zu erbringen, an einem anderen freien Arbeitsplatz an dem die körperliche Arbeit nicht so groß ist unterzubringen, wird die Kündigung unwirksam sein. Der Arbeitsplatz kann allerdings nicht höherwertig sein, da ein Anspruch auf Beförderung grds. nicht gegeben ist.[127]

Bei Krankheitsfällen spielt eine negative Prognose eine sehr große Rolle. Es genügt nicht, darzulegen, dass der Arbeitnehmer in der Vergangenheit sehr oft krank war, um eine Kündigung zu rechtfertigen. Es muss auch für die Zukunft zu erwarten sein, dass der Arbeitnehmer seine Leistung nicht mehr vertragskonform erfüllen werden kann und sich der Arbeitgeber infolgedessen mit unzumutbaren wirtschaftlichen Belastungen konfrontiert sieht.[128] Allerdings genügt der Arbeitgeber den prozessualen Anforderungen, wenn er aus den krankheitsbedingten Zeiten des Arbeitnehmers aus der Vergangenheit darlegt, dass auch eine Gefahr für die Zukunft besteht. Diese sog. Indizwirkung muss vom Arbeitnehmer nunmehr erschüttert werden.

Der OGH entschied in seinem Urteil vom 23.2.1994[129], dass Krankenstände im Ausmaß von 126 Tagen im Jahr so gravierend sind, dass die Kündigung als gerechtfertigt erscheint, insbesondere dann, wenn der Arbeitnehmer selbst befürchtet, seine früheren Leistungen nicht mehr erbringen zu können.

---

[126] Vgl Pulte, Das deutsche Arbeitsrecht, 61
[127] Vgl Backmeister, Trittin, Mayer, Kündigungsschutzgesetz, §1KSchG Rn 116
[128] Vgl Backmeister, Trittin, Mayer, Kündigungsschutzgesetz, §1KSchG Rn 114
[129] Vgl Jabornegg, Strasser, Kommentar zum §105 ArbVG, E 282

In Deutschland entschied das BAG u. a. am 21.5.1992[130], dass eine dauernde Arbeitsunfähigkeit dann angenommen wird, wenn in den nächsten 24 Monaten nicht mehr mit einer Besserung zu gerechnet werden kann.[131] Dieser Rechtsauffassung folgen die Gerichte mittlerweile regelmäßig und auch in der Literatur wird immer auf diesen zweijährigen Zeitraum verwiesen. Die Gerichte orientieren sich hier am Teilzeit und Befristungsgesetz, das im §14 Abs.2TzBfG eine Befristung des Arbeitsvertrages bis zur Dauer von zwei Jahren zulässt, und dem Arbeitgeber somit eine Überbrückungsmöglichkeit durch Einstellung eines befristet beschäftigten Arbeitnehmers ermöglicht.

In Österreich ist eine klare Linie der Rechtssprechung noch nicht ersichtlich; es wird regelmäßig auf die benachteiligten Interessen des Arbeitgebers abgestellt und im Einzelfall entschieden.

Die Kündigung ist in beiden Ländern sozial gerechtfertigt, wenn (in Deutschland spricht das Gesetz von dringenden) betriebliche Erfordernisse der Weiterbeschäftigung des Arbeitnehmers entgegenstehen.

Darunter werden jeweils Gründe wirtschaftlicher Art verstanden, die den Arbeitgeber veranlassen den Peronsalbestand an den neuen Bedarf anzupassen. In beiden Ländern rechtfertigt ein bloß vorübergehender Fortfall von Arbeit die Kündigung nicht.[132] [133]

Unterschiedlich ist, dass in Deutschland das Ultima-ratio- Prinzip schwerer wiegt als in Österreich. In Deutschland hat das BAG in seinem Urteil vom 29.3.1990[134] entschieden, dass eine betriebsbedingte Kündigung dann unzulässig ist, wenn der betroffene Arbeitnehmer im Betrieb oder Unternehmen weiterbeschäftigt werden kann.

In Österreich ist dies zumindest strittig. Der OGH hat so z. B. am 31.8.1994 entschieden, dass eine Ausweitung der Prüfung von Möglichkeiten der Weiterverwendung des Arbeitnehmers auf andere Betriebe des Unternehmens nur in Ausnahmefällen in Betracht kommt.[135] Er argumentierte, dass die Betriebsbedingtheit nur in Be-

---

[130] BAG 29.4.1999 NZA 1999,978
[131] Vgl Backmeister, Trittin, Mayer, Kündigungsschutzgesetz, §1KSchG Rn 142
[132] Vgl Strasser, Jabornegg, Kommentar zum §105 ArbVG Rn 77
[133] Vgl Backmeister, Trittin, Mayer, Kündigungsschutzgesetz, §1KSchG Rn 298
[134] BAG 29.3.1990 NZA 1991, 181
[135] Vgl Jabornegg, Strasser, Kommentar zum §105 ArbVG, E 299

zug auf denjenigen Betrieb zu prüfen sei, in dem der Beschäftigte tatsächlich beschäftigt wurde. In einem mehrere Betriebe umfassenden Unternehmen seien nur die Umstände des konkreten Betriebes und nicht die Verhältnisse des Gesamtunternehmens zu berücksichtigen.[136] Die neuere Rechtssprechung weicht etwas davon ab und verweist wie im OGH- Urteil vom 12.1.2000 [137] auf die soziale Gestaltungspflicht, die dem Arbeitgeber zukommt. Allerdings wird auch hier das Wort Gesamtbetrieb und nicht etwa Unternehmen verwendet, sodass dieser Punkt weiterhin unklar ist.

Da der Arbeitgeber ist in seinen unternehmenspolitischen Aktivitäten grds. frei ist, soll der Anlass der Personalreduzierung immer nur begrenzt überprüfbar sein. Eine Überprüfung der objektiven Richtigkeit oder Zweckmäßigkeit der Maßnahmen durch das Gericht ist jeweils ausgeschlossen.[138] [139] Allerdings ist das Vorliegen betrieblicher Erfordernisse die der Weiterbeschäftigung entgegenstehen vom Arbeitgeber zu beweisen.[140] Auf die Abwägung wesentlicher Interessen stellt der deutsche Gesetzgeber im Gegensatz zum österreichischen kaum ab, da sie einen sehr geringen gesetzlichen Spielraum hat. Nur in Ausnahmefällen, in denen der Arbeitnehmer durch die Kündigung außergewöhnlichen Belastungen ausgesetzt ist, wirkt sie sich zu dessen Gunsten aus.[141]

In Österreich ist die Kündigung schon ex lege nur dann gerechtfertigt, wenn die betrieblichen Interessen die des Arbeitnehmers überwiegen. Als betriebsbedingte Kündigungsgründe gelten sowohl in Österreich als auch in Deutschland Rationalisierungsmaßnahmen, Mängel in der Rohstoffzulieferung, Maschinenausfall oder Verlagerung von Betriebsteilen bzw. der Produktion, wenn es sich hierbei um langfristige Maßnahmen handelt. Ändern sich allerdings die Verhältnisse während der Kündigungsfrist, steht dem gekündigten Arbeitnehmer in Deutschland evtl. ein Wiedereinstellungsanspruch zu.[142] Das ergibt sich aus der vertraglichen Nebenpflicht aus dem ja noch bestehenden Arbeitsverhältnis. Aus Gründen der Rechtssicherheit erlischt dieser Anspruch nach Ablauf der Kündigungsfrist.

---

[136] OGH 31.8.1994 8 Ob A 236/94

[137] OGH 12.1.2000 9 Ob A289/99m

[138] Vgl Stärker, Arbeits- und Sozialrecht für die Praxis, 2003, Rn 583

[139] Vgl Backmeister, Trittin, Mayer, Kommentar zum KSchG; §1KSchG Rn. 299

[140] Vgl Jabornegg, Strasser, Kommentar zum §105 ArbVG Entscheidung, E 293

[141] ArbG Passau Urt, v. 17.8.1994 BB 1994,2207

[142] Vgl Backmeister, Trittin, Mayer, Kommentar zum KSchG; §1KSchG Rn 330

Bei der betriebsbedingten Kündigung ist in beiden Ländern eine soziale Auswahl vorzunehmen. Hier gibt es aber große Unterschiede, weil in Deutschland immer eine soziale Auswahl stattfinden muss, in Österreich aber nur dann, wenn der Betriebsrat der Kündigung innerhalb der Frist ausdrücklich widersprochen hat (siehe auch oben: Rolle des Betriebsrates). Unter der Sozialauswahl versteht man, dass die Auswahl des zu Kündigenden nach sozialen Gesichtspunkten zu erfolgen hat.[143] [144]

In Deutschland ist seit dem 1.1.2004 auch zu beachten, dass Arbeitnehmer, deren Weiterbeschäftigung aufgrund ihrer besonderen Kenntnisse, Fähigkeiten und Leistungen im berechtigten betrieblichen Interesse liegt, von der Sozialauswahl ausgenommen werden.

Diese Regelung bestand bereits zwischen 1996 und 1998, wurde von der rot- grünen Regierung mit dem Korrekturgesetz zum 1.1.1999 jedoch wieder abgeschafft. Die Sozialauswahl beschränkt sich auch auf die vergleichbaren Arbeitnehmer, die im selben Betrieb beschäftigt sind.[145]

In Österreich wird von Arbeitnehmern desselben Betriebs und derselben Tätigkeitssparte gesprochen, was den Personenkreis einengt, in der Praxis aber wohl kaum einen großen Unterschied in der Rechtssprechung bedeutet.[146]

In der Sozialauswahl berücksichtigt werden in Deutschland nur Daten wie die Dauer der Betriebszugehörigkeit, Lebensalter des Arbeitnehmers und seine Unterhaltsverpflichtungen sowie seit dem 1.1.2004 auch die Schwerbehinderung. Die Sozialauswahl ist gem. §1Abs.3 S.1 legal definiert und kommt nur für diese Fälle in Betracht. Bis zum 1.1.2004 waren darüber hinaus auch noch weitere soziale Gesichtspunkte wie Gesundheitszustand, Vermittelbarkeit auf dem Arbeitsmarkt oder ein bestehender Pflegebedarf eines Angehörigen des zu kündigenden Arbeitnehmers anerkannt. [147] Der Grund für diese Einengung ist in erster Linie Rechtssicherheit, da der Gesetzgeber erkannt hat, dass die Ermittlung von Daten wie Vermittelbarkeit auf dem Arbeitsmarkt oder der Gesundheitszustand des Arbeitnehmers schwierig zu ermitteln sind.[148]

---

[143] Vgl Jabornegg, Strasser, Kommentar zum §105 ArbVG Rn 83
[144] Vgl Backmeister, Trittin, Mayer, Kommentar zum KSchG; §1KSchG Rn 373
[145] Vgl Backmeister, Trittin, Mayer, Kommentar zum KSchG; §1KSchG Rn 377
[146] EA Wr. Neustadt 24.6.1978, Re 3/78
[147] Vgl Backmeister, Trittin, Mayer, Kommentar zum KSchG; §1KSchG Rn 392
[148] Vgl Drucksachen des Deutschen Bundestages 15/1204 S.22

Der österreichische Gesetzgeber macht keine abschließende Definition von sozialen Gesichtspunkten, die der Arbeitgeber berücksichtigen muss. §105 ArbVG spricht lediglich von einem Vergleich sozialer Gesichtspunkte ohne diese näher zu konkretisieren, daher kann wohl auch auf die Vermittelbarkeit des Arbeitnehmers am Arbeitsmarkt abgestellt werden.

Eine Besonderheit im deutschen Arbeitsrecht findet sich auch im §1a KSchG, wonach dem Arbeitnehmer bei einer betriebsbedingten Kündigung (die er i. d. F. nicht begründen muss[149]) eine Abfindung dann zusteht, wenn er gem. §1a Abs.1 KSchG, „keine Klage auf Feststellung, dass das Arbeitsverhältnis durch die Kündigung nicht aufgelöst ist" erhoben hat.

Eine weitere Voraussetzung für diese Abfindung ist, dass der Arbeitgeber den Arbeitnehmer in der Kündigungserklärung auf diesen Passus hingewiesen hat. Wichtig ist, dass auch dieser Hinweis schriftlich erfolgen muss, da er im Zusammenhang mit der Kündigung steht, für die ja schon das Gesetz das Schriftlichkeitsgebot vorsieht.[150] Die Höhe des Abfindungsanspruches beläuft sich auf die Hälfte des Monatsverdienstes[151], der dann mit der Anzahl der Jahre des Bestehens des Arbeitsverhältnisses multipliziert wird.

Vor allem von Unternehmerseite wird ja immer wieder das Argument angeführt, dass der strenge Kündigungsschutz der freien Unternehmerentscheidung und der Wirtschaftlichkeit der Betriebe zuwider läuft, da der Markt oftmals spontane Entscheidungen verlange, und die Betriebe mehr Arbeitnehmer einstellen könnten, wenn das Arbeitsrecht in dieser Hinsicht liberalisiert werden würde. Der Sinn dieser Regelung dürfte allerdings weniger in der Rechtsanwendung als in der psychologischen Auseinandersetzung mit dem Kündigungsschutzrecht liegen.

Diese These wird unterstützt durch die OECD Studie „Employment Outlook"[152] aus dem Jahre 1999, wonach Kündigungsschutzrechte keinen messbaren Einfluss auf die Frage der Arbeitslosigkeit haben. Des Weiteren enden ohnehin bereits von 250.000 jährlichen Kündigungsklagen, 210.000 mit einem Vergleich.[153] Daher soll

---

[149] Backmeister, Trittin, Mayer, Kommentar zum KSchG; §1a KSchG Rn 5
[150] Vgl §623BGB idgF
[151] Vgl §10 Abs.3 KSchG zur Definition Monatsverdienst
[152] OECD, employment outlook, http://www.oecd.org/dataoecd/9/46/2079974.pdf (11.3.2006)
[153] Vgl Backmeister, Trittin, Mayer, Kommentar zum KSchG; §1a KSchG Rn 15

dieses neue Gesetz wohl eher ineffiziente und langfristige Kündigungsklagen vermeiden.

Kündigungsschutzklagen führen ohnehin nur in seltenen Ausnahmefällen zur Beibehaltung des Arbeitsplatzes. Der Grund hierfür ist, dass es entweder dem Arbeitgeber oder Arbeitnehmer nach einem solchen Prozess oft schwerfalle, das Arbeitsverhältnis wieder so herzustellen, als ob nichts geschehen wäre. Für diese Fälle sieht der deutsche Gesetzgeber vor, dass der Arbeitnehmer, auch wenn der Anfechtungsklage stattgegeben wurde, eine Abfindung erhält. Ist demnach die Fortsetzung des Arbeitsverhältnisses für den Arbeitnehmer nicht zumutbar, so „hat das Gericht auf Antrag des Arbeitnehmers das Arbeitsverhältnis aufzulösen, und den Arbeitgeber zur Zahlung einer angemessenen Abfindung zu verurteilen".[154] Auch der Arbeitgeber kann einwenden, dass es ihm nicht zumutbar sei, den Arbeitnehmer weiter zu beschäftigen. Diese Möglichkeit besteht allerdings nur dann, wenn Gründe vorliegen, die eine den Betriebszwecken dienliche weitere Zusammenarbeit entgegenstehen. Es erfordert hierfür vom Arbeitgeber eine konkrete Darlegung der Tatsachen, welche die Unzumutbarkeit begründen können.[155]

3.1.4 Kündigungsfrist/ Kündigungstermin

Unter Kündigungsfrist versteht man jenen Zeitraum, der zwischen dem Ausspruch der Kündigung und dem dadurch bewirkten Ende des Arbeitsverhältnisses verstreichen muss.[156] Der Kündigungstermin beschreibt den Zeitpunkt, zu dem die einzuhaltende Kündigungsfrist enden muss.

In Österreich ist der Kündigungstermin grundsätzlich jedes Quartalsende.[157]

Das bedeutet, dass der Arbeitnehmer so kündigen muss, dass die Kündigungsfrist für Angestellte zum Quartalsende (31. März, 30. Juni, 30. September und 31. Dezember) endet. Wird der Kündigungstermin verpasst und endet die Kündigungsfrist bspw. am 2. Juli, muss der Arbeitgeber den zu kündigenden Arbeitnehmer bis zum 30 September weiter beschäftigen, womit es für den

---

[154] §9 Abs.1 S.1 KSchG
[155] Vgl Backmeister, Trittin, Mayer, Kommentar zum KSchG; §9 KSchG Rn 2
[156] Vgl Jabornegg, Resch, Strasser, Arbeitsrecht, 2003, Rn 623
[157] Vgl Stärker, Einführung in das Arbeits- und Sozialrecht, 2003, Rn 560

Arbeitgeber zu zusätzlichen Kosten kommen kann. Nach §20 Abs.3 AngG, ist es allerdings auch möglich, im Vertragsabschluss zu vereinbaren, dass zu jedem Monatsletzten und Fünfzehnten des Monats gekündigt werden kann, was auch zu empfehlen ist.[158] In Deutschland ist immer und schon per Gesetz[159] möglich, „zum Fünfzehnten oder zum Ende eines Kalendermonats" zu kündigen.

Österreich § 20 AngG		Deutschland § 622 BGB	
Bestand des Arbeitsverhältnisses	Kündigungs-frist	Bestand des Arbeitsverhältnisses	Kündigungs-frist
2 Jahre	6 Wochen	2 Jahre	1 Monat
5 Jahre	2 Monate	5 Jahre	2 Monate
15 Jahre	3 Monate	8 Jahre	3 Monate
25 Jahre	4 Monate	10 Jahre	4 Monate
Ab dem 26. Jahr	6 Monate	12 Jahre	5 Monate
		15 Jahre	6 Monate
		20 Jahre	7 Monate

Die gesetzlichen Kündigungsfristen werden in Deutschland von §622 BGB geregelt, in Österreich von §20 AngG.

Daraus geht hervor, dass die Kündigungsfristen in Deutschland länger dauern als in Österreich, und es auch eine größere Varianz zwischen dem 5. und dem 15. Arbeitsjahr gibt.

In Deutschland gelten diese Fristen auch für Angestellte und Arbeiter, während in Österreich diese Frist für Angestellte vorgesehen ist. Für Arbeiter ergibt sich die Kündigungsfrist aus dem Kollektivvertrag, oder bei fehlenden entsprechenden Vereinbarungen gelten in einem Gewerbebetrieb gem. §77 GewO 14 Tage Kündigungsfrist. Ist auch kein Gewerbebetrieb vorhanden, gelten die Fristen der §§ 1158ff. ABGB, in der Regel 14 Tage.[160]

---

[158] Vgl Stärker, Einführung in das Arbeits- und Sozialrecht, 2003, Rn 561
[159] §622 Abs.1 BGB
[160] Vgl Stärker, Einführung in das Arbeits- und Sozialrecht, 2003, Rn 563

Auch in Deutschland wurde früher eine Unterscheidung zwischen Arbeitern und Angestellten vorgenommen. Der BVerfG hat in seinem Urteil vom 30.5.1990 allerdings wegen der günstigeren Regelung für Angestellte diesen Unterschied als verfassungswidrig erachtet, da gem. Art.3 Grundgesetz Diskriminierungen verboten sind.

In dem Urteil wird kritisch angemerkt, dass die kündigungsrechtliche Besserstellung von Angestellten in das vorige (also in das 19.) Jahrhundert zurückginge, und die „Unterscheidung zwischen Angestellten und Arbeitern mangels hinreichender Abgrenzungskriterien insgesamt nicht (mehr) durchführbar"[161] sei.

Die Kündigungsfristen werden auch in beiden Ländern durch weitere gesetzliche Regelungen in manchen Fällen ausgeschlossen. So gelten in Österreich nur für jene Arbeitnehmer die Kündigungsfristen gem. §20AngG, die eine Arbeitszeit von mindestens 1/5 der gesetzlichen Arbeitszeit, die grds. 40 Stunden gem. §3 Abs.1 AZG beträgt, geleistet haben. Wenn die geleistete Arbeitszeit darunter liegt, kommt §1159 ABGB zur Anwendung, der eine zweiwöchige Kündigungsfrist vorsieht.[162]

In Deutschland werden gem. §622 Abs.2 S.2 BGB bei der Berechnung der Beschäftigungsdauer Zeiten, die vor der Vollendung des 25. Lebensjahrs des Arbeitnehmers liegen, nicht berücksichtigt.

Die gesetzliche Kündigungsfrist für Arbeitnehmer beträgt in Österreich gem. §20AngG Abs.4 einen Monat, in Deutschland nach §622 Abs.1 4 Wochen.

In Österreich ist eine kürzere Kündigungsfrist durch Vereinbarung möglich, in Deutschland hat der Gesetzgeber formuliert, dass einzelvertragliche Abkürzungen der Kündigungsfrist unzulässig sind.[163]

In beiden Ländern darf für die Kündigung des Arbeitsverhältnisses durch den Arbeitnehmer keine längere Frist vereinbart werden, als für die Kündigung durch den Arbeitgeber.[164]

---

[161] BVerfG, Beschluss vom 30.5.1990 - 1 BvL 2/83 -
[162] Vgl Stärker, Einführung in das Arbeits- und Sozialrecht, 2003, Rn 558
[163] Vgl Backmeister, Trittin, Mayer, Kommentar zum KSchG; §622 KSchG Rn 11
[164] Vgl §622 Abs.6 BGB u. §20Abs.4 AngG

4. Erörterung der Unterschiede an einem Fallbeispiel

4.1 Deutscher Fall (BAG- Urteil vom 12.4.2002, 2 AZR 706/00)

4.2.1 Beurteilung nach deutschem Recht

Der 1956 geborene Kläger ist verheiratet, zwei Kindern zum Unterhalt verpflichtet, und war seit dem 1. Dezember 1978 im Dienste der Beklagten, die ein Unternehmen der Druckindustrie betreibt, und regelmäßig mehr als 100 Arbeitnehmer beschäftigt.

Die Beklagte schloss am 16. Februar 1998 mit dem Betriebsrat einen Interessenausgleich und Sozialplan, und kündigte daraufhin 12 Mitarbeiter, darunter auch den Kläger.

Der Kläger war in der Offsetvorbereitung tätig, einem Bereich mit 13 Mitarbeitern, wovon 10 von der Beklagten als Leistungsträger eingestuft wurden, darunter die Mitarbeiterin F., die erst seit 8 Jahren im Betrieb war. Der Kläger wurde nicht als Leistungsträger eingestuft.

Mit Schreiben vom 16. Februar 1998, das dem Kläger nach Abschluss von Interessenausgleich und Sozialplan ausgehändigt wurde, kündigte die Beklagte das Arbeitsverhältnis ordentlich zum 31. August 1998.

Der Kläger beantragte, festzustellen, dass das Arbeitsverhältnis nicht durch jene Kündigung aufgelöst wird, da es die Beklagte verabsäumte darzulegen, warum die Herausnahme der 10 Leistungsträger im berechtigten betrieblichen Interesse liege und die Sozialauswahl daher grob fehlerhaft gewesen sei.

Das erstinstanzliche Arbeitsgericht hat in seiner Entscheidung vom 18. Juni 1998 [165] nach den Klageanträgen erkannt und die Kündigung für sozial ungerechtfertigt abgelehnt. Auf die Berufung der Beklagten hat das Landesarbeitsgericht nach Beweisaufnahme das Urteil des Arbeitsgerichts abgeändert und die Klage abgewiesen[166].

Mit der Revision begehrt der Kläger nun die Wiederherstellung des arbeitsgerichtlichen Urteils.

---

[165] Urteil des Arbeitsgerichts Fulda vom 18. Juni 1998 – Ca 83/98
[166] Urteil des Hessischen Landesarbeitsgerichts vom 30. Mai 2000 –15 Sa 2396/98

Das BAG entschied mit seinem Urteil vom 12.4.2002, dass die Revision begründet ist und das arbeitsgerichtliche Urteil wiederherzustellen sei.

Dem Prüfungsmaßstab der sozialen Auswahl wurde das Landesarbeitsgericht hiernach nicht gerecht, da es das betriebliche Interesse an der Weiterbeschäftigung der Mitarbeiterin F. nicht gegen die sozialen Belange des Klägers abgewogen habe. Das LAG hat es als ausreichend angesehen, dass die Weiterbeschäftigung der "Leistungsträger", und damit auch der Frau F. für die Beklagte nachvollziehbar vorteilhaft sei. Es hat also allein das betriebliche Interesse für maßgeblich gehalten. Damit hat es § 1 Abs. 3 Satz 2 KSchG verletzt.Indem der Gesetzgeber das bloße betriebliche Interesse nicht ausreichen lässt, sondern einschränkend fordert, das Interesse müsse "berechtigt" sein, gibt er zu erkennen, dass nach seiner Vorstellung auch ein vorhandenes betriebliches Interesse "unberechtigt" sein kann. Das bedeutet nun, dass auch gegenlaufende Interessen, i. d. F die Interessen des sozial schwächeren Arbeitnehmers, berücksichtigt werden müssen.

Die Arbeitnehmerin F. war im Zeitpunkt der Kündigung 27 Jahre alt, der Kläger 41. Frau F. war unverheiratet, hatte keine Kinder, währenddessen der Kläger verheiratet war und 2 Kinder zu versorgen hatte. Darüber hinaus war Frau F. erst 8 Jahre, der Kläger aber schon 19 Jahre im Betrieb tätig.

Als betriebliches Interesse führte die Beklagte demgegenüber nur an, dass die Ausbildung von Frau F. dem Betrieb von konkretem Nutzen sei. Eine detaillierte Begründung hierfür konnte sie nicht anführen.

Somit reduzierte sich das von der Beklagten dargelegte betriebliche Interesse auf eine vage Erwartung, die druckspezifische Ausbildung werde sich früher oder später einmal als nützlich erweisen. Damit allein ist ein konkreter Vorteil des Betriebes durch die Weiterbeschäftigung der Frau F gegenüber der des Klägers nicht hinreichend benannt, während das Interesse des Klägers am Erhalt seines Arbeitsplatzes offensichtlich ist.

4.2.2 Beurteilung nach österreichischem Recht

In Österreich ist eine soziale Auswahl nur dann zu prüfen, wenn der Betriebsrat der Kündigung widersprochen hat. Da sich i. d .F. der Betriebsrat mit der Arbeitgeberin geeinigt hatte, wäre in Österreich keine soziale Auswahl nötig gewesen und der gekündigte Arbeitnehmer hätte keine Möglichkeit gehabt, die Kündigung wegen Sozialwidrigkeit anzufechten.

Hätte der Betriebsrat allerdings widersprochen, wäre die Kündigung sozial ungerechtfertigt gewesen, da es in Österreich keine spezielle Regelung für Leistungsträger gibt, die in Deutschland ja von der sozialen Auswahl ausgeklammert werden. Fraglich ist, inwieweit sich die Tätigkeit der „Leistungsträgerin", von der Tätigkeit des Klägers unterschieden hat. Da der Kläger aber in demselben Bereich tätig war, ist nicht davon auszugehen, dass der Kläger nicht fähig gewesen wäre, diese Tätigkeit auszuführen.

Die Kündigung wäre also sozial ungerechtfertigt gewesen, da nach sozialen Gesichtspunkten der Kläger schutzwürdiger erscheint, als die als Leistungsträgerin eingestufte Frau F., die kürzer im Betrieb, und darüber hinaus noch jünger ist, und am Arbeitsmarkt wohl leichter zu vermitteln sein wird. Sie hatte zum Zeitpunkt der Kündigung auch keine Kinder, während der Kläger für 2 Kinder Unterhalt leisten musste, um 14 Jahre älter war als Frau F, und zudem auch schon 19 Jahre lang im Betrieb tätig war, im Vergleich zu den 8 Jahren, die Frau F. angestellt war.

Da der Betrieb über mehr als 100 Arbeitnehmer beschäftigt, ist er betriebsratpflichtig. Gäbe es dennoch keinen Betriebsrat, wäre die Kündigung gerechtfertigt, da nur bei einem Widerspruch des Betriebsrates einen Sozialvergleich angestellt werden muss[167].

Im Gegensatz dazu muss der Betriebsrat in Deutschland der Kündigung nicht widersprechen, damit der Arbeitnehmer einen Sozialvergleich verlangen kann. Der Arbeitgeber hat also auf jeden Fall die Kündigung nach sozialen Gesichtspunkten vorzunehmen, egal, ob es einen Betriebsrat gibt oder nicht.

Dies macht nochmals klar deutlich, dass der Betriebsrat in Österreich eine weitaus wichtigere Rolle einnimmt als in Deutschland. Natürlich muss aber die Grenze von mehr als 10 Arbeitnehmern er-

---

167 Vgl Stärker, Einführung in das Arbeits- und Sozialrecht, 2003, Rn 572

reicht werden, damit das KSchG seine Wirkung entfalten kann, was hier auch der Fall ist.

Hätte der Betrieb 10 oder weniger Mitarbeiter, hätte der Kläger keine Möglichkeit gehabt, einen Sozialvergleich anzustellen. In Österreich liegt diese Grenze, wie schon oben erwähnt, bei 5 Dienstnehmern. Das heißt, nur bei Kleinbetrieben unter 5 Dienstnehmern wäre der Kündigungsschutz nicht gegeben.

Wäre die Kündigung in Österreich sozial gerechtfertigt gewesen, hätte der Arbeitgeber auch eine andere Kündigungsfrist einhalten müssen. Die Kündigungsfrist für einen Arbeitnehmer, der seit 19 Jahren im Betrieb ist beträgt gem. §20 AngG 3 Monate, allerdings ist der Kündigungstermin grds. jedes Quartalsende, sodass dem Arbeitgeber am 30. Juni hätte gekündigt werden müssen.

5. Zusammenfassung

Obwohl es im deutschen und österreichischen Rechtssystem in sehr vielen Bereichen Gemeinsamkeiten gibt, haben beide Länder dennoch einen jeweils eigenen Zugang zum Arbeitsrecht. Dementsprechend gibt es oft große Unterschiede in der Gesetzgebung und Rechtssprechung, die ein international agierender Manager beachten muss.

Bereits in den ersten beiden Kapiteln, die das jeweilige Arbeitsrecht kurz umreißen sollten, kamen einige erhebliche Unterschiede zu Tage. So gibt es nicht nur kündigungsrechtliche Differenzen, sondern auch bereits bei der Entstehung des Arbeitsvertrages und den daraus resultierenden Pflichten.

Bei der Kündigung fällt besonders auf, dass in Österreich dem Betriebsrat eine viel größere Bedeutung als in Deutschland zukommt. So kann dieser bereits mit seiner Zustimmung zur Kündigung a priori verhindern, dass dem Arbeitnehmer überhaupt ein Anfechtungsrecht zukommt, wenn es sich nicht gerade um eine Motivkündigung handelte.

In Deutschland hat der Arbeitnehmer immer die Möglichkeit die Kündigung mittels Feststellungsklage zu bekämpfen. Die Möglichkeit, dass Klagen nachträglich zugelassen werden, ist, wie auch die Kündigungsfrist, ebenfalls für den Dienstnehmer großzügiger gestaltet als in Österreich.

Insgesamt ist das deutsche Kündigungsschutzrecht daher arbeitnehmerfreundlicher als jenes in Österreich. Eine Einschätzung, die auch durch die statistische Erfassung des „employment outlook" der OECD von 1999 bestärkt wird, in welcher die Rolle des Arbeitsrechts in den Mitgliedsstaaten untersucht wurde.

Doch das Arbeitsrecht ist auch den Regeln der Globalisierung unterworfen: Unternehmen haben es heute leichter, sich jene Standorte auszusuchen, an denen der höchste Profit und das größte Wachstum zu erreichen ist.

Das Arbeitsrecht als wichtiger Faktor für die Berechnung der Personalkosten, wird daher bei der Standortwahl natürlich mitberücksichtigt.

Mittlerweile ein Wettbewerb um die höchste Standortattraktivität entbrannt, bei dem einzelne Staaten versuchen, große Unternehmen mit günstigeren Steuersätzen anzuwerben, und sich dabei gegenseitig immer wieder unterbieten. Viele Regierungen wie z. B. jene in Frankreich oder Deutschland, sind derzeit auch gerade damit beschäftigt, das Arbeitsrecht umzugestalten.

So gilt bspw., dass in Deutschland seit 2004 mehr als 10 Arbeitnehmer regelmäßig im Betrieb arbeiten müssen, damit das Kündigungsschutzgesetz Gültigkeit erlangt. Bis zum 31.12.2003 lag diese Grenze noch bei mehr als 5 Arbeitnehmern. Auch die Regelung, wonach man Leistungsträger bei bestehendem betrieblichem Interesse von der Sozialauswahl nicht mit berücksichtigen muss, ist für den Arbeitgeber günstiger.

In Zukunft wird von den Arbeitnehmern, ganz nach amerikanischem Vorbild, wohl mehr Flexibilität verlangt werden.

Ob dieser Trend sich verstärken wird, und welche langfristigen sozialen und wirtschaftlichen Folgen in den einzelnen Ländern auftreten werden, bleibt freilich abzuwarten.

6. Literaturverzeichnis

Zum österreichischen Arbeitsrecht

Floretta/ Spielbüchler/ Strasser, Individualarbeitsrecht, Manz Verlag, Wien, 2004

Jabornegg/ Resch/ Strasser, Arbeitsrecht, Manz Verlag, Wien 2003

Jabornegg/ Strasser, Kommentar zum §105ArbVG[3], Manz Verlag 1998

Jabornegg/ Resch/ Strasser, Kommentar zu den §§ 33-36[3] ArbVG Manz Verlag Wien 2003

Reissner, Das neue Lern- und Übungsbuch Arbeitsrecht, Manz Verlag, 2003

Stärker, Arbeits- und Sozialrecht für die Praxis[3], LexisNexis Verlag, Wien 2003

Wirtschaftskammer Wien, Arbeitsrechtliche Kurzentscheidungen, http://www.wkw.at/docextern/recht arbeitsrechtlichekurzentscheidungen.htm,(8.3.2006)

Zeitler, wer soll das bezahlen? http://www.gast.at/ireds-7953-printurl-3560.html (28.3.2006)

Zivilrecht.online, http://www2.uibk.ac.at/zivilrecht/buch/kap5_0.xml (14.3.2006)

Zum deutschen Arbeitsrecht

Backmeister/ Mayer/ Trittin, Kommentar zum Kündigungsschutzgesetz mit Nebengesetzen[3], Verlag Franz Vahlen, München, 2004

Buch, Rechtsberatung Arbeitsrecht http://www.internetratgeber-recht.de

Däubler, Arbeitsrecht- Ratgeber für Beruf, Praxis und Studium, Bund- Verlag 2002

Dieterich/ Glöge/ Hanau/ Preis/ Schaub, Erfurter Kommentar zum Arbeitsrecht, Beck- Verlag, München 2000

Etzel, Arbeitsrecht, Verlag Juris/Luchterhand, Saarbrücken 2004

List, Personal managen, Financial Times Prentice Hall, 2002

Marschollek, Arbeitsrecht[14], Verlag Alpmann und Schmidt, Münster 2005

Nasemann, Arbeitsplatzkündigung, Verlag Falken, Niedernhausen 1998

OECD employment outlook 2004, http://www.oecd.org/dataoecd/9/46/2079974.pdf

Palm, Arbeitsrecht http://www.rechtsanwaltdrpalm.de

Pleitgen, Ratgeber Recht http://www.ratgeberrecht.de

Pulte, Das deutsche Arbeitsrecht, Hermann Luchterhand Verlag GmbH, München 2003

Richardi, Arbeitsgesetze[66], Verlag DTV-Beck 2005

Schulz, Kündigungsschutz im Arbeitsrecht von A-Z, Verlag DTV- Beck, München 2001

Wolf-Dieter, Arbeitnehmerhaftung: Spritztour mit dem Gabelstapler, in Soli aktuell 06/03 http://194.245.102.234/UNIQ114362912012071/doc70224A.html